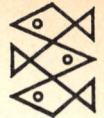

Über dieses Buch   Wer sich mit der Lebenssituation alter und behinderter Menschen befaßt, dem wird bald klar, daß ihnen schon viel geholfen wäre, wenn ihre Wohnungen ihren Bedürfnissen besser angepaßt wären. Ausgehend von den Erfahrungen der Architektin Christa Osbelt, die seit Jahren als Wohnberaterin tätig ist, beschreibt die Autorin, welche Maßnahmen in den einzelnen Wohnbereichen erforderlich sind, um die Wohnsituation grundlegend zu verbessern. Manchmal genügt es, einen Griff anzubringen oder den Sessel mit einem körpergerechten Polster zu versehen, um beweglich zu bleiben. Bei anderen Maßnahmen sind Handwerker gefordert, sich in die Probleme hineinzudenken. Bei kostenintensiven Anpassungen sollte man sich vorher um die Finanzierung kümmern. Hinweise darauf, wer in einem solchen Fall angesprochen werden kann, finden sich am Schluß des Buches. Eine einheitliche Regelung gibt es derzeit nicht, aber vielleicht kann dieses Buch ein Anstoß sein, hier etwas zu unternehmen. Denn Nachbesserungen in der Wohnung sind immer noch kostengünstiger als eine Unterbringung in einem Heim, ganz abgesehen davon, daß dies auch für die psychische Befindlichkeit die bessere Lösung ist.

Die Autorin   Rita E. Biebricher, geb. 1935, arbeitet als freie Journalistin in Wiesbaden. Sie veröffentlichte zahlreiche Reportagen und Features zu vorwiegend sozialen und kulturellen Themen in Zeitungen und Zeitschriften und arbeitete als Co-Autorin an Publikationen unterschiedlicher Art mit.

Rita E. Biebricher

Richtig wohnen –
selbständig bleiben
bis ins hohe Alter

Anleitungen zur Wohnungsanpassung
nach dem Konzept von Christa Osbelt,
Diplom-Designerin, Architektin
und Wohnberaterin

Mit einem Vorwort von
Prof. Dipl.-Ing. Axel Stemshorn

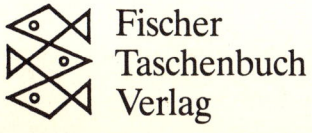 Fischer
Taschenbuch
Verlag

Lektorat: Heide Kobert

Originalausgabe
Veröffentlicht im Fischer Taschenbuch Verlag GmbH,
Frankfurt am Main, September 1991

© 1991 Fischer Taschenbuch Verlag GmbH, Frankfurt am Main
Umschlaggestaltung: Buchholz/Hinsch/Hensinger
Umschlagfoto: Harro Wolter
Gesamtherstellung: Clausen & Bosse, Leck
Printed in Germany
ISBN 3-596-10420-3

Inhalt

Vorwort

Dieser Ratgeber erscheint zu einem günstigen Zeitpunkt. Er begleitet die Überarbeitung der bis heute noch geltenden Normen für das Bauen für Behinderte. Mit der Neufassung der Normen ist auch eine neue Zielrichtung verbunden: Es geht jetzt darum, barrierefreie Wohnungen für alle Menschen zu formulieren, insbesondere für Menschen mit Behinderungen, aber auch für ältere Menschen, Kinder, klein- und großwüchsige Menschen, das heißt, der Wohnungsbau insgesamt ist angesprochen.

Diesen Ratgeber zu lesen, ist ein Erlebnis. Eine Autorin hat sich das Konzept einer engagierten Wohnberaterin zu eigen gemacht und einen Band vorgelegt, der nicht nur Rat gibt und Anweisungen ausspricht, sondern ganz spannend, angereichert mit Zitaten, Alltagsprobleme erörtert. So entstand ein Ratgeber, weniger ein Fachbuch, mit dem man sogar sein eigenes Alter, hoffentlich rechtzeitig, vorerleben kann. Die Autorin und die Wohnberaterin betrachten sehr anschaulich die Wohnung und beginnen mit den schwierigsten Räumen, dem Bad, der Toilette und der Küche. Aber auch bei den übrigen Räumen, wie dem Wohnzimmer, dem Schlafzimmer und dem Flur, zeigt sich an vielen Beispielen, untermalt von Gesprächszitaten, wie schwierige Situationen zu meistern sind. Dabei werden die Probleme angesprochen und Lösungen vorgestellt, die weiterhelfen. Es scheint nur im ersten Augenblick von Nachteil, daß Abbildungen zu den einzelnen Änderungsvorschlägen, Umbaumaßnahmen und Hilfsmitteln fehlen: Man muß sich aber nur die geschilderte Situation lebhaft vorstellen, um ein Problem zu verstehen. So beschäftigt man sich viel sorgfältiger mit dem Buch und den darin aufgezeichneten Gesprächen. Der Leser wird unwillkürlich auf ähnliche Situationen in seinem Bekannten- oder Verwandtenkreis aufmerksam.

Besonders sympathisch ist die Sprache: In diesem Ratgeber wird nicht doziert. Betroffene Personen kommen mit ihren Alltagsproblemen ernsthaft zu Wort. Hier wird deutlich, daß es nicht genügt,

Normen für den barrierefreien Wohnungsbau vorliegen zu haben. Hier wird erkennbar, daß der älter werdenden Bevölkerung und den Menschen mit Behinderungen Beratung vor Ort zuteil werden sollte. Ziel der Beratungsgespräche müßte es sein, den vorhandenen Wohnungsbereich zu ändern, so daß ein Verbleiben in der vertrauten Wohnung möglich ist. Dann hat die Organisation ambulanter Dienste Sinn.

Der Ratgeber müßte auch auf dem Schreibtisch all derjenigen liegen, die Wohnungsprogramme aufstellen: Dies sind in erster Linie die Politiker in Bund, Ländern und Gemeinden, damit der Bau neuer barrierefreier Wohnungen in den Entscheidungsgremien rechtzeitig beschlossen werden kann. Der Zeitpunkt des Erscheinens ist auch deswegen günstig, weil viel Wohnraum geschaffen werden muß und es nicht sinnvoll ist, billige Wohnungen zu bauen, die eines Tages von älteren oder möglicherweise behinderten Menschen nicht mehr bewohnt werden können. In zweiter Linie richtet sich der Ratgeber an diejenigen, die den Wohnungsbau planen: die Bauträger, Architekten, Ingenieure und Handwerker; aber auch die Möbelindustrie und andere Branchen sind angesprochen. Dadurch könnten Fehler, die in der Vergangenheit – von der Planung bis zur Ausführung – begangen wurden, vermieden werden.

Oft war es auch für Experten ein langer und schwieriger Weg, zu notwendigen neuen Erkenntnissen zu gelangen und ihnen zum Durchbruch zu verhelfen.

Stuttgart, März 1991   Prof. Dipl.-Ing. Axel Stemshorn

Vorbemerkung

Durchdachte Wohnverhältnisse sind ein Schlüssel für lebenslange Selbständigkeit. Wer sein Leben ohne physische Einschränkung meistern kann, wird kaum einen Gedanken daran verschwenden. Wer aber nicht mehr so leistungsfähig ist oder mit gravierenden körperlichen Beeinträchtigungen fertig werden muß, steht oftmals vor scheinbar unlösbaren Problemen, in und mit der gewohnten Umgebung zurechtzukommen. Dabei kann sehr wohl Abhilfe geschaffen werden. Wie das vor sich gehen kann, ist ausführlich und mit zahlreichen Beispielen in diesem Buch erklärt.

Wohnungsanpassung ist das Stichwort der 90er Jahre. Was bisher auf diesem Sektor geschehen ist, sei ein Tropfen auf den heißen Stein, heißt es in einer Dokumentation des Kuratoriums Deutsche Altershilfe. Im Bundesgebiet befassen sich inzwischen etwa 50 Initiativen nach unterschiedlichen Programmen mit Wohnberatung.

Oft sind es nur Kleinigkeiten, die in einer Wohnung geändert werden müssen. Doch auch die Bausünden der Vergangenheit, als es darum ging, rasch Mauern hochzuziehen, um ein Dach über den Kopf zu bekommen, rächen sich an Bewohnerinnen und Bewohnern, die durch einen mangelhaften Grundriß und schlichteste Ausstattung ihre Schwierigkeiten haben. Das enge Bad, die schmale Tür, das schlauchartige Zimmer und was derlei Sparprogramme mehr sind, fallen weniger ins Gewicht, wenn man in der Lage ist, sich den Gegebenheiten anzupassen. Durch Beeinträchtigung körperlicher Funktionen, sei es durch Unfall, Krankheit oder altersbedingte Beschwerden, wird die Wohnung den Anforderungen nicht mehr gerecht. Nachbesserungen bis hin zu baulichen Veränderungen wären notwendig, und es stellt sich die Frage: Was ist machbar? Oder gibt es keine Chance mehr, in der gewohnten Umgebung zu bleiben?

Der Misere beim Wohnungsbau und bei Wohnungseinrichtungen ist Christa Osbelt, diplomierte Designerin und Architektin, schon während ihrer Ausbildung auf die Spur gekommen. Konsequent widmete sie sich weiter der Aufgabe, Wohnungen und Wohnumfeld so zu gestalten, daß allen damit gedient ist und trotzdem individuelle Bedürfnisse befriedigt sind.

Für das Bundesbauministerium konzipierte sie die Wanderausstellung »Wohnen im Alter«, die an zahlreichen Orten eine überwältigende Resonanz gefunden hat und sicher noch finden wird. Wiesbaden war in mehrfacher Hinsicht der Ausgangspunkt. Hier hat Christa Osbelt als Wohnberaterin in die Praxis umgesetzt, was andernorts noch nicht einmal Theorie war. Seit Anfang der 80er Jahre führte sie Anpassungsmaßnahmen in Kindertagesstätten wie in Altenwohnungen und öffentlich zugänglichen Gebäuden im Auftrag der Stadt aus.

Als Stadtteil-Beratungsstellen für ältere Menschen eingerichtet wurden, trat der Bedarf an Wohnberatung deutlich zutage. Schließlich wurde die städtische »Beratungsstelle für behinderten- und altengerechtes Planen, Bauen und Wohnen« eröffnet, sozusagen als Ein-Frau-Betrieb. Die Drähte liefen heiß. Vielfältige Aufgaben mußten bewältigt werden, von Hausbesuchen bis zur Bündelung verstreuter Zuständigkeiten im Amt. Sie koordinierte die Maßnahmen bei Wohnungsanpassung und leistete bei dem Ansturm persönlicher wie institutioneller Anfragen praxisorientierte Beratung. Auch bei der Planung von Neubauten und Umbauten wird sie zugezogen.

»Es ist ein Jammer, was bisher alles versäumt wurde«, sagt sie, »aber nun kommt die Sache ja in Schwung.« Sie würde sich glücklich schätzen, wenn Selbstverständlichkeit wäre, was erst in die Wege geleitet und auf vielen Gebieten noch ausgefochten werden muß.

Sie richtet alten- und behindertengerechte Wohnungen her, aber im Grunde genommen ist sie gegen jegliches Kästchendenken. Sie möchte die »menschenfreundliche und bedürfnisgerechte Wohnung für jede Lebensphase« verwirklicht sehen, die alle Voraussetzungen bietet, sie im Bedarfsfall durch Auswechseln oder Hinzufügen von Details funktionsfähig zu halten. »Doch ich fürchte, wir werden noch lange durch Fehlplanungen oder Mängel im Wohnungsbau als auch bei öffentlichen Gebäuden mit Nachbessern beschäftigt sein.« Heute werde von und für Menschen gebaut, die jung und dynamisch sind. Daß sie selbst die Alten oder möglicherweise Behinderten von morgen sind, werde verdrängt.

Zur Zeit wandelt sich einiges, um die Fehlerquellen auszuräumen, die unter anderem in den alten Baugesetzen und Förderbestimmungen der Bundesländer zu suchen sind. Christa Osbelt ist Mitglied im Normenausschuß Bauwesen, in dem Planungsgrundlagen (DIN 18024: Barrierefreier öffentlicher Bereich – Straßen, Plätze, Wege und Gebäude und DIN 18025: Barrierefreie Wohnungen) auf den neuesten Stand des Wissens gebracht wurden. Mit Teil 2 der DIN 18025 sind Rahmenbedingungen geschaffen, die zukunftsorientiertes Planen, Bauen und Einrichten endlich ermöglichen. Zukunftsorientiert heißt: »Barrierefreie Wohnungen« für alle Menschen in jedem Alter, ob mit oder ohne Behinderung.

Die Kreativität der Architekten wird dadurch herausgefordert und nicht etwa beeinträchtigt. Denn mit diesen neuen Planungsgrundlagen werden keine Raumgrößen mehr definiert, sondern objektbezogene Bewegungsflächen vorgegeben, beispielsweise ums Waschbecken und WC oder um das Bett und vor den Möbeln.

Auf diese Weise – durch bauliche Prophylaxe – wird der Ausgrenzung behinderter Menschen von vornherein entgegengewirkt und unterbunden, daß alte Menschen ins Abseits gedrängt werden, weil die Wohnsituation schon vom Grundriß her für sie unhaltbar geworden ist.

Selbst wer sich im gesetzten Alter ein Haus baut oder eine Wohnung kauft, bedenkt oft nicht, daß später Geld und Nerven kosten kann, was heute hätte berücksichtigt werden können. Beispiel: Eine großzügig bemessene Tür ist billiger, denn es braucht weniger Mauerwerk, und das breitere Türblatt ist nicht teurer. Eine schmale Türöffnung ist generell ein Hindernis! Mit einem Wäschekorb oder an zwei Krücken muß man sich hindurchzwängen.

Im Jahr 2000 wird ein Viertel der Bevölkerung in der Bundesrepublik über 60 Jahre alt sein. Zwar bleiben die Menschen heute länger jung, aber auch Graue Panther können einmal lahmen. Dann dürfen die Wege drinnen und draußen nicht verbaut sein, was oft genug auch eine Zumutung für diejenigen ist, die ihnen helfen wollen. Bei Aus- und Umbau sowie Modernisierung sollten die oben erwähnten Planungsgrundlagen ebenfalls angewendet werden, um nicht wieder in die alten Fehler zu verfallen.

Sozial- und wohnungspolitische Überlegungen weisen in die Richtung, Eigeninitiative und Selbsthilfe zu fördern, um selbstbestimmte Lebensführung weitestgehend zu erhalten. In Kommunen wurden Sozialdienste geschaffen, die eine ambulante Versorgung sicherstellen sollen. Das ist nicht nur reine Nächstenliebe, sondern auch eine finanzielle Frage bei strapaziertem Stadtsäckel in folgendem Punkt: Für das Wohnen zu Hause reicht vielleicht die Rente, doch ein Platz im Alten- oder Pflegeheim ist mit eigenen Mitteln kaum zu bestreiten. Das Sozialamt wird dann zur Kasse gebeten. Ein neuer Sozialfall ist da, der keiner sein will und keiner sein müßte, wenn die häuslichen Umstände besser wären. Wenn sich jemand daheim selbst helfen kann, ist das billiger als eine längere Verweildauer in der Klinik oder Unterbringung in einem Heim und eine Wohltat für Betroffene.

Niemand sollte sich scheuen, beim zuständigen Sozial- oder Wohnungsamt um Rat zu fragen, gegebenenfalls Forderungen zu stellen. Wenn man dort nicht weiß, daß Handlungsbedarf besteht, scheint nach außen hin alles in bester Ordnung. Die gezielte Nachfrage könnte das Angebot der Hilfe regeln. Ein solides Fundament wären flächendeckende Beratungsstellen mit geschultem Fachpersonal – und das möglichst in nicht allzu ferner Zukunft. In der hessischen Landeshauptstadt wurden die Zeichen der Zeit richtig gedeutet. Auch Bürgerinnen und Bürger mit einem Einkommen oberhalb der Sozialhilfegrenze sollten bei Umbau oder Ausrüstung zur altengerechten Wohnung durch zinslose Darlehen oder städtische Zuschüsse unterstützt werden.

Bundesweit rechnet man mit anpassungsbedürftigen Wohnungen in Millionenhöhe. 65 Prozent des Wohnungsbestandes entsprechen nicht mehr den Wohnbedürfnissen. Die öffentliche Hand ist gefordert, wenn zur Maxime erhoben wird, daß Wohnungsangebot und Infrastruktur Menschen jeden Lebensalters dienlich sind. Die hehrsten Zielsetzungen verkommen zur leeren Versprechung, wenn nicht gleichzeitig die Finanzierung geklärt ist.

Wohlgemeinte Absichtserklärungen lassen sich mit dem Rotstift schlecht umsetzen. Bundes- und Landesfördermittel zur Modernisierung von Wohnungen sind knapp, klagen soziale Wohnungsbaugesellschaften. In einigen Regionen werden bereits frei werdende Wohnungen durch Umbau verbessert, damit sie von Familien mit kleinen Kindern wie von alten Menschen belegt werden können – Häuser im »Generationen-Mix«, um die Solidarität zwischen Jung und Alt zu stärken, um »Altengettos« aufzulösen. Was läßt sich sonst noch tun?

»Wir wollen nicht warten, bis Kinder die Wohnung alter Eltern kündigen, weil diese sie nicht mehr bewirtschaften können«, sagt der Geschäftsführer einer dieser Gesellschaften. Anlaß zur Kündigung seien vielleicht einfach zu behebende Dinge, wie ein nicht vorgeschriebenes Geländer für drei Stufen im Treppenhaus. Sein Vorschlag: Eine dezentralisierte Hausverwaltung, mit gutem und sensiblem Kontakt zu den Mietern, könnte durch den technischen Service schnell kleine Probleme aus der Welt schaffen, bevor sie zu größeren Problemen anwachsen. Die Mieter müßten sich allerdings auch klar äußern, damit man weiß, was gefragt ist. Gerade bei älteren Leuten bestehe jedoch eine Hemmschwelle, etwas zu verlangen, was außerhalb der üblichen Wohnungsausstattung liege.

Und noch etwas schlägt als Informationsdefizit zu Buche: Viele, bis vor kurzem noch aktive Menschen wollen nicht zugeben, wenn es ihnen nicht mehr so gut geht, wenn sie Hilfe, in welcher Form auch immer, brauchen: Hilfe, die Korrektur einer Kleinigkeit sein kann, oder Hilfe, die umfassendere bauliche Maßnahmen voraussetzt.

Ein weiterer Aspekt wäre in Betracht zu ziehen. »Sozial-, Wohnungs- und Verkehrspolitik dürften keine in sich abgeschotteten Gebiete sein«, sagt Christa Osbelt, »es muß alles ineinandergehen.« Doch sitzen Wirtschaft und Gemeinwesen bei der Städteplanung tatsächlich an einem Tisch, wenn es um die Infrastruktur geht?

Was nützt es, wenn ein vorbildlich ausgestattetes Haus abseits jeglicher Versorgungsmöglichkeiten steht, wenn keine Geschäfte für den täglichen Bedarf in der Nähe, keine öffentlichen Verkehrsmittel (deren Benutzbarkeit und Linienführung ein Kapitel für sich wären) erreichbar sind und keine Sozialstation mit ambulanten Diensten vorhanden ist? Bleiben Initiativen, die Bedürfnisse und Wünsche artikulieren könnten, vor der Tür?

Vielerlei ineinandergreifende Aktivitäten sind nötig, sonst wird am eigentlichen Bedarf vorbeigeplant und vorbeigebaut. »Umdenken in allen Bereichen!« Christa Osbelt klammert ihre eigene Berufssparte nicht aus: »Das fängt schon bei der Ausbildung von Handwerkern und Architekten an, sonst bleibt alles, freundlich ausgedrückt, Kunst am Bau.« Natürlich findet der junge Student es interessanter, eine Diskothek zu entwerfen, als sich mit Problemen, die seiner Welt fremd sind, auseinanderzusetzen. Dabei liegt es nahe, Soziales und Wohnen als Studiengänge zu verflechten, damit das Bewußtsein wächst, daß Häuser für Menschen gebaut werden. Auch Fachleuten vom Bau sind Bedürfnisse älterer und behinderter Menschen nicht unbedingt geläufig und bleiben ihnen, bloß auf die bisherige Schulweisheit gestützt, eine Gleichung mit vielen Unbekannten. So wenig vorbereitet, fühlen sie sich nicht herausgefordert, entsprechend zu planen. Sie wissen einfach nicht um die Möglichkeiten, die sie in speziellen Fällen ausschöpfen könnten. Sie kennen den Markt nicht, um unter den vielfältigen Angeboten, die es mittlerweile gibt, das im besonderen Fall Wirkungsvolle zu entdecken, weil das Gespür dafür nicht entwickelt ist.

Häufig blockieren Desinteresse und Ignoranz befriedigende Lösungen, zementieren Vorurteile ablehnende Haltungen. Szene auf einer Möbelmesse: Nach langem Rundgang fand sich ein Schrankprogramm, das auch für Rollstuhlfahrer geeignet ist. Anstatt sich über das Lob zu freuen, reagierte der Aussteller sehr zurückhaltend. Er empfand es eher als Makel denn als Auszeichnung für seine Schränke und bangte wohl um den Verkaufserfolg. Dabei ist doch ein Produkt, das als »behindertengerecht« gelten kann, dadurch nicht abgewertet, sondern oftmals auch für den »normalen« Benutzer von Vorteil. Beispiel: Einen Wasserhahn mit Einhandmischer und längerem Hebelarm, der für die Großmutter mit gichtigen Fingern oder den Großvater mit gelähmter Hand besonders vorteilhaft ist, kann auch ein Kind leichter bedienen.

Auf der anderen Seite wird die Zielgruppe der graumelierten Konsumenten mit permanenter Jugendlichkeit umworben, denn Eitelkeit ist menschlich. Wen wundert es dann noch, daß die alte Dame den Gehstock, den sie dringend braucht, als diskriminierend empfindet, daß der alte Herr zunächst den Kopf schüttelt über den Spezialsitz, der ihm das Hüftleiden erträglich machen könnte. Dabei sind Hilfsgeräte Gebrauchsgegenstände zur Erleichterung des täglichen Lebens. (Übrigens schnitten diverse Hilfsmittel in Tests skandalös ab: Schlechte Qualität zu überhöhten Preisen!)

In dieser Einleitung sind nicht alle Aspekte berücksichtigt, einige sind nur angerissen, um wenigstens begreiflich zu machen, warum fachübergreifende Beratung zum allgemeinen Verständnis der anstehenden Probleme von Bedeutung ist. Und Betroffene, die Rat und Hilfe suchen, ersehen schon daraus, daß sie kein »Einzelfall« sind und womöglich etwas Außergewöhnliches verlangen.

Die in diesem Buch geschilderten Beispiele resultieren aus der langjährigen Erfahrung und täglichen Arbeit der Wohnberaterin, die vom klärenden Gespräch bis zu abgeschlossenen Umbaumaßnahmen reichen. Da ist Frau Pfitzner, die wegen eines Hüftleidens nicht mehr in die Badewanne konnte, bis sie sich mit einem Wannenlift vertraut machte, oder Herr Müller, der wegen einer Arthrose einen Spezialstuhl benutzt und eine »untersitzbare« Kücheneinrichtung braucht.

Personen, Namen und Situationen sind frei erfunden, geben jedoch ein wirklichkeitsgetreues Spiegelbild all dessen wieder, was in einer Wohnung fehlen oder falsch sein und was man ändern kann. Manchmal fehlt nur der richtige Haltegriff, im richtigen Greifbereich angebracht. Einmal mußte das Waschbecken nur um zwei Zentimeter zur Seite versetzt werden, damit die Tür sich besser öffnen ließ. Es ist also durchaus nicht so, daß nun jeder Wohnbereich »auf den Kopf gestellt« werden muß. Aber sicher kommt man anhand des Buches auf die eine oder andere Idee, sein Problem zu lösen. Vielleicht bewirken einige Schilderungen auch eine neue Qualität der Nachbarschafts- und Familienhilfe.

In jeder Wohnung und für jeden Menschen können andere Probleme auftreten. Deshalb sind verschiedene Personen und mögliche Veränderungen in einzelnen Wohnbereichen dargestellt.

Christa Osbelt: »Es geht darum, die Grundvoraussetzungen für menschenfreundliches Wohnen zu überprüfen und seine eigenen Schlüsse zu ziehen. Denn manche Wohnungen, Ausstattungen und Einrichtungen machen Menschen erst zu Behinderten.«

Auch bei zeitweiser Einschränkung der körperlichen Fähigkeiten muß man Abhilfen kennen. Sind sie in dem Buch nicht erwähnt, dann gibt es vielleicht den Impuls, sich um die richtige Lösung eines Problems zu kümmern.

Richtig wohnen, selbständig bleiben – nach den Anleitungen aus der Praxis der Wohnberaterin kann man sich in seinen vier Wänden sicher und geborgen fühlen.

Kapitel 1

Bad und Toilette

In keinem anderen Raum der Wohnung wird so schnell deutlich, wie unzureichende Ausstattung die alltäglichen Verrichtungen bei körperlicher Behinderung beeinträchtigen kann, wie im Sanitärraum. Bad und Toilette zeigen am ehesten, welcher Nachholbedarf an Modernisierung und Sanierung besteht.

Die »Naßzelle« war eine Errungenschaft der letzten Jahrzehnte im »Massen«-Wohnungsbau. Im Nachhinein betrachtet wurde hier am falschen Ende gespart, um die Investitionskosten so niedrig wie möglich zu halten. Es wurde mit Zentimetern an Fläche gegeizt und an den sanitärtechnischen Installationen. Diese als »ökonomisch« bezeichnete Bauweise ist eine Fehlspekulation, wenn dadurch Häuser und Wohnungen später umgebaut und umgerüstet werden müssen. Denn »Maßnahmen zum kostensparenden Bauen« sind oft Anlaß für teures Nachbessern, wenn sich überhaupt nachbessern läßt.

Beengte Verhältnisse sind im Sanitärbereich an der Tagesordnung. Bad und Toilette sind so klein, die Sanitärobjekte so ungünstig angeordnet, daß manchmal die Tür nicht richtig zu öffnen ist. Solchen Bedingungen kann man sich schlecht oder gar nicht anpassen, wenn man in seiner Beweglichkeit eingeschränkt ist. Braucht man gar eine Hilfsperson, ist für sie kein Platz.

Auch große Badezimmer haben ihre Tücken, wenn die eingebauten Elemente zwar schön, aber nicht benutzerfreundlich sind. Das stellt sich meistens dann heraus, wenn man ein Handicap hat, körperlich behindert ist, und sei es nur vorübergehend.

Badewannen sind ein Sicherheitsrisiko bei gewissen Altersbeschwerden. Andererseits bieten sie die Möglichkeit medizinischer Bäder. Haltegriffe, die an die Wanne angeschraubt werden und Stufen sind nur bedingt einsetzbare Einstiegshilfen. Sogenannte »Senioren«-Wannen mit festmontierten Griffen haben nach Aussage einiger Fachleute ihren Namen nicht verdient. Meist seien die Griffe am falschen Platz oder anderen Hilfsmitteln im Weg.

Das Fenster über der Wanne birgt mehr Unannehmlichkeiten und Gefahren als Vorteile. Man kommt nicht heran, um es zu öffnen oder zu schließen. Man muß in die Badewanne steigen, um es zu putzen. Wird das Bad umgebaut, ist dringend darauf zu achten, daß das Fenster leicht zugänglich ist. Bleibt die Wanne unter dem Fenster, dann müssen zumindest die Beschläge zur Bedienung des Fensters leicht erreichbar sein.

Viele Hausbesitzer sträuben sich dagegen, daß die Badewanne entfernt wird, wenn die Mieterin oder der Mieter statt dessen eine Dusche einbauen lassen will. So muß weiter in der Badewanne geduscht werden. Aber es ist dafür Sorge zu tragen, daß auch ein älterer Mensch dies gefahrlos tun kann.

Ein Duschbecken kann für einen gehbehinderten Menschen leichter zu benutzen sein als eine Wanne. Die ideale Dusche jedoch ist bodengleich.

Toiletten haben eine bestimmte Sitzhöhe, die für ältere Menschen oft und bei Benutzung eines Rollstuhls immer zu niedrig ist. Daran läßt sich etwas ändern.

Waschbecken und Armaturen können bei einer Behinderung ihren Dienst versagen, hier kann man umrüsten, wenn es nötig ist. Warmes Wasser aus der Leitung sollte obligatorisch sein. Ein kaltes Badezimmer ist der Gesundheit abträglich. Warmwasser- und Heizgeräte können nachträglich installiert werden. Ist Zentralheizung im Haus, sollte man eventuell an eine Zusatzheizung für die Zeit zwischen den Heizperioden denken.

**Rein in die Wanne, raus aus der Wanne –
ganz allein**

Frau Pfitzner fühlte sich bisher recht wohl in ihrer Zweizimmerwohnung. Die alte Dame arrangierte sich mit ein paar Beschwerden, die das Alter mit sich brachte. Doch mit dem Hüftleiden tauchte ein Problem auf, das ihr Kummer bereitete. Sie legte großen Wert auf Körperpflege, hatte aber Angst, in die Badewanne zu steigen. Deshalb fragte sie bei der Wohnberatung an und bat um Änderungsvorschläge. Ein Termin wurde vereinbart, um das Bad zu begutachten und folgende Situation vorgefunden: Der Badewannenrand ist, wie in den meisten Fällen, auch für Frau Pfitzner zu hoch. Es gibt keinen Haltegriff an der Wand. In Altenwohnungen beispielsweise sind sie schon lange vorgeschrieben, aber selten oder an der falschen Stelle angebracht. Der Boden der Wanne ist wie üblich wegen des darunterliegenden Syphons nicht niveaugleich mit dem Fußboden. Dieser Höhenunterschied erschwert es, beim Hinein- wie Heraussteigen das Gleichgewicht zu halten. Die Badewanne ist für ihre Körpergröße zu lang. Frau Pfitzner befürchtet, bei plötzlichem Unwohlsein in der Wanne mit den Füßen keinen Halt zu finden.

Für jedes der Probleme gibt es mehrere Lösungen: Ein Podest vor der Badewanne, wenn die Raumverhältnisse es zulassen, nivelliert den Höhenunterschied zwischen Wannen- und Fußboden und macht den Einstieg niedriger. Zwei Haltegriffe, der eine zum Ein- und Aussteigen, der andere im Greifbereich beim Hinsetzen und Aufstehen, sichern in jeder Position.

Haltegriffe müssen überall dort angebracht sein, wo sie gebraucht werden, gegebenenfalls nicht nur bei der Badewanne, sondern auch beim Waschbecken und/oder neben der Toilette. Ein Tip, um den jeweils richtigen Punkt zur Anbringung an der Wand festlegen zu können: Anschraubflächen des Griffs mit doppelseitigem Klebeband versehen, denn so können vor dem endgültigen Montieren verschiedene Griffpositionen ausprobiert und provisorisch fixiert werden.

Die Haltegriffe sollten rutschhemmend, beispielsweise aus Kunststoff sein. Metallgriffe fassen sich kalt an, was für die Hände manchmal schmerzhaft ist. Glattes Metall gibt außerdem bei feuchten und seifigen Händen keine Sicherheit. Als besonders handfreundlich in Material und Form hat sich ein Haltegriff aus dem Sanitätshandel erwiesen. Er ist aus Kunststoff und geriffelt, im Querschnitt nicht rund wie ein Rohr, sondern abgeflacht. Die Griffform verläuft nicht gerade, sondern im Winkel, so daß er sogar die Funktion von zwei normalen Haltegriffen, von denen einer senkrecht und der andere waagerecht angebracht werden müßte, erfüllt.

Einhängbare Wannensitze sind sicher bekannt, weniger jedoch der Wannenverkürzer aus gelochtem Material mit Saugnäpfen. Er verhindert das Vorrutschen, das älteren Menschen angst macht und bei Kreislaufschwäche oder schneller Ermüdung im warmen Wasser zur Gefahr wird.

Wenn das Ein- und Aussteigen, das Übersteigen des Wannenrandes problematisch oder gar unmöglich ist, bietet sich ein Wannenlift an. Er ist keine billige, aber im Bedarfsfall lohnende Anschaffung. Nach ärztlicher Verordnung können die Kosten sogar von der Krankenkasse übernommen werden.

Ein Wannenlift ermöglicht es Frau Pfitzner, ihre Badewanne gefahrlos und bequem zu benutzen. Da die Wanne dafür geeignet und gut zugänglich ist, nicht in einer Nische steht und der Einstieg nicht durch Waschbecken oder Toilette eingeengt, kann er zum Einsatz kommen.

Der Sanitätsfachhändler stellt den Lift in die Wanne, schließt ihn mit einem Zwischenstück am Duschanschluß der Wannenarmatur an und öffnet den Kaltwasserhahn. Dadurch erhält der Lift den nötigen Wasserdruck – er funktioniert ohne Motor und Elektrizität – und hebt die Sitzfläche an.

Frau Pfitzner nimmt zum Trockenkurs darauf Platz, um sich mit der Technik vertraut zu machen. Sie hebt die Beine über den Wannenrand und bewegt einen Schieber am Sitz. Sanft gleitet der Lift nach unten. Sie sitzt nun auch weiter vorn in der Wanne als vorher und empfindet sie nicht mehr als zu lang. Danach legt sie den Schieber zurück und schwebt wieder in die Ausgangsbasis empor. Für den Wannenlift ist sie ein Leichtgewicht, denn er trägt bis zu 150 Kilogramm. Sie schwingt die Beine über den Wannenrand und steht wieder auf der rutschfesten Bademattte vor der Wanne.

Nach etwas Übung sind Handgriffe und Bewegungsabläufe selbstverständlich. Frau Pfitzner braucht keine fremde Hilfe, sie kann ganz allein nach Belieben baden, duschen und sich pflegen. Sie hat auch keine Angst mehr vor der Technik, der Umgang damit ist ihr einleuchtend erklärt worden.

Herr Gerloss ist auf einen Rollstuhl angewiesen. Er hatte nicht geglaubt, jemals noch selbständig ein Bad nehmen zu können. Beim Umbau seiner Toilette wurde auch das Problem Badewanne angesprochen und schließlich ein Wannenlift eingesetzt. Nun macht er Bewegungstherapie im warmen Wasser und hat neuen Mut geschöpft, weil er einiges wieder allein und mit wachsendem Geschick tun kann. Er braucht nicht auf Hilfe zu warten, wenn er baden will. Damit werden auch Hilfspersonen, seien sie von ambulanten Diensten oder Familienmitglieder, entlastet.

Dazu muß gesagt werden, daß Frau Gerloss ihrem Mann zwar beim Waschen vor dem Waschbecken behilflich sein konnte. Ihm jedoch in die Badewanne zu helfen, das überstieg ihre Kräfte. Die geschilderte Situation ist keine Ausnahme, denn bei Pflege in der Familie sind ältere Menschen oft überfordert.

Tips zum Thema Badewanne:
Von feststehenden oder auch klappbaren Duschabtrennungen auf dem Wannenrand ist abzuraten. Sie behindern den Ein- und Ausstieg, die Arbeit von Helfern sowie den Einsatz von Hilfsmitteln.

Ein Duschvorhang ist Hilfsmitteln oder auch einer Hilfsperson nicht im Weg. Außerdem engt er durch seine Nachgiebigkeit nicht die Bewegungsfreiheit ein, man stößt nicht an eine starre Wand.

Rutschhemmende Matten für die Badewanne und selbstklebende Plättchen sind problematisch in puncto Hygiene und Verwendbarkeit. Die Matte muß in die trockene Wanne gelegt und, sofern sie Saugnäpfchen hat, fest angedrückt werden, sonst löst sie sich beim Füllen der Wanne und gibt keinen Halt. Nach Beendigung des Bades ist sie mit klarem Wasser abzuspülen und zum Trocknen aufzuhängen, sonst machen Rückstände von Seife oder Badezusätzen sie rutschig und damit unbrauchbar. An den Rändern selbstklebender Plättchen setzt sich mit der Zeit Schmutz ab, was unhygienisch ist.

Auch der Wannenlift muß nach Benutzung sofort warm abgespült werden, damit Schmutz-, Fett- und Seifenrückstände nicht festtrocknen. – Mit dem Reinigungsergebnis ist Frau Pfitzner auf Dauer nicht ganz zufrieden, obwohl sie zusätzlich ein selbsttätiges Reinigungsmittel aufsprüht.

Die Bademmatte vor der Wanne muß eine rutschhemmende Unterseite haben.

Besseren Stand, um an die Armatur zum Füllen der Wanne zu gelangen, beim Wannenreinigen oder auch für eine Hilfsperson, verschafft der Untertritt, das ist ein Ausschnitt in der Wannenverkleidung. Darauf ist bei einer neuen Wanne oder neuem Verfliesen unbedingt zu achten.

»Das total verbaute Badezimmer ist kein Einzelfall«, sagt die Wohnberaterin, »und bezeichnend für die Gedankenlosigkeit, mit der oft zu Werk gegangen wird.«
In einer als behindertenfreundlich eingestuften Wohnung wurde die Badewanne in eine Nische eingebaut. Neben dieser Nische, an der vorspringenden Wand, hing das Waschbecken. Somit war die Längsseite der Badewanne kaum zugänglich. Hinzu kam, daß Armatur und Ablauf der Badewanne sich nur schwer erreichbar in der Nische befanden. Bleibt nur die Möglichkeit, von der Schmalseite her in die Wanne einzusteigen und sie erst mit Wasser füllen zu können, wenn man schon drin ist. – Für die behinderte Mieterin der Wohnung ein unlösbares Problem. Es blieb nichts anderes übrig, als die Badewanne zu entfernen und ein Duschbecken einzusetzen. Das bedauerte die Mieterin zwar, die Wert auf medizinische Bäder legte, aber nun konnte sie wenigstens duschen.

Eine fast identische bauliche Situation: Kleines Badezimmer; die Badewanne in einer Nische zurückversetzt, was die Längsseite schon unzugänglicher macht; unmittelbar daneben auch noch das Waschbecken. Vor dem Waschbecken ist für die junge Frau im Rollstuhl ausreichend Platz. Doch um in die Badewanne zu gelangen, müßte sie die Füße am Waschbecken vorbeischwenken können, was nicht möglich ist.
Die angebotene Problemlösung eines dänischen Herstellers: ein Wandgestell für Waschbecken. Damit ist die Höhe des Waschbeckens um 30 cm stufenlos zu verstellen. Ein leichtes Anheben des Hebels läßt das Waschbecken höher gleiten und macht den Weg frei.

Lieber duschen

Für einen älteren Menschen ist eine Dusche leichter zu benutzen als eine Badewanne – vorausgesetzt, die Dusche ist überlegt geplant, gebaut und ausgerüstet.

»Als wir in das Haus eingezogen sind, haben wir eine neue Dusche einbauen lassen, eine Dusche mit allen Schikanen«, sagt Frau Schulberg und zieht beeindruckende Hochglanzprospekte aus der Tasche. »Die Armatur ist phantastisch und hat einen Temperaturbegrenzer, damit sich der Jüngste nicht verbrüht. Das Duschbekken hat einen geriffelten Boden, damit niemand darin ausrutscht. Und drum herum ist eine Kabine mit Falttür, damit es draußen keine Überschwemmung gibt, wenn man so richtig aufdreht. Aber meine Schwiegermutter weigert sich, in die Dusche zu gehen. Sie will in der Badewanne duschen, dabei kommt sie ohne meine Hilfe weder rein noch raus. Mein Mann hat extra für sie einen Duschhocker gekauft. Aber sie sagt, sie kriegt keine Luft in der Kabine, sie kriegt Platzangst.« Frau Schulberg ist ungehalten. »Wo wir doch nur das Beste wollten und alles praktisch eingerichtet haben. Vielleicht reden Sie mal mit ihr.«

Das Gespräch im Haus der Familie Schulberg verlief anders als erwartet. Die Wohnberaterin überredete natürlich Frau Schulberg senior nicht, etwas gegen ihren Willen und letztlich gegen bessere Einsicht zu tun. Im Gegenteil: Schulbergs wurde klar, daß sie sich von der Werbung hatten blenden lassen und daß die Bezeichnung »praktisch« ein relativer Begriff ist.

Die Bestandsaufnahme zeigt, was alles ungünstig an der Dusche ist: Das Duschbecken von 80 × 80 cm bietet zu wenig Bewegungsfreiraum. Starre Duschabtrennungen oder gar Duschkabinen engen die Bewegungsmöglichkeit ein, während Duschvorhänge nachgeben. Sollte jemand Hilfe beim Duschen benötigen, ist die fest montierte Abtrennung im Weg. Die Kabine ist für eine Hilfsperson unzugänglich. Durch Dampfstau kann es zu Atembeschwerden kommen, der Kreislauf ist gefährdet. Der Duschhokker hat meist eine zu kleine Sitzfläche und zu dünne Beine. Es besteht Kippgefahr, wenn der Boden nicht ganz eben ist. Ein rutschhemmender Boden mit Rillen oder Noppen ist richtig, aber nicht geeignet für die Verwendung eines Hockers. Ein wandmontierter Duschklappsitz wäre günstiger, aber eine Duschkabine ist dafür meist zu eng. Auch ein Haltegriff im Greifbereich ist wichtig. Wenn er jedoch an der Wand über dem Klappsitz angebracht ist, hat er seine Funktion verfehlt und stört außerdem am Rücken. Der Schritt in das Duschbecken über den Beckenrand kann ältere

Menschen aus dem Gleichgewicht bringen. Die zu überwindende Kante ist höher als eine gängige Treppenstufe und die zudem ungleiche Höhe von Fußboden und Duschbecken schlecht abzuschätzen und auszubalancieren.

Frau Schulberg senior wird weiterhin, wie gewohnt, in der Badewanne duschen. Mit zwei Haltegriffen – der eine Griff, um sicher in die Wanne und wieder herauszukommen, der andere, um sich besser hinsetzen und leichter aufstehen zu können –, mit rutschhemmenden Matten und einem stabilen Hocker vor der Wanne, kommt sie jetzt ohne die Hilfe ihrer Schwiegertochter aus. Sollte es erforderlich werden, wird ein Wannenlift (siehe zuvor im gleichen Kapitel) angeschafft, der sogar in einer Tragetasche mit auf Reisen genommen werden kann.

»Schade ums Geld für die tolle Dusche«, sagt Herr Schulberg, »aber vor der nächsten Renovierung überlegen wir uns das gründlicher. Wir werden schließlich auch nicht jünger.«

Die beste Lösung für die Dusche, die auch »altengerecht« und »behindertengerecht« ist, wäre ein Duschplatz ohne Duschbecken, fußbodengleich im Bereich 150 × 150 cm, mit unmerklichem Gefälle zum Abfluß. Diese Größe ist auch mit einem Duschrollstuhl befahrbar.

Der Bodenbelag muß rutschhemmend sein. Das sind beispielsweise seidenmatte Fliesen, klein wie Mosaiksteine. Auch der übrige Raum sollte mit kleinen Fliesen, nicht größer als 5 × 5 cm belegt sein, weil der hohe Fugenanteil der Rutschgefahr vorbeugt. Ideal ist eine Fußbodenheizung, wenn in der Wohnung vorhanden, auch unter dem Duschplatz. Der Raum wird angenehm temperiert und fußwarm. Restfeuchtigkeit auf Fliesen und in Fugen trocknet rasch. Aus hygienischen Gründen werden im allgemeinen Fugen, obwohl sie die Stand- und Gehsicherheit erhöhen, nicht geschätzt. Die Reinigung wird erschwert, durch Feuchtigkeit kann sich Pilzbefall bilden.

»Bei Naßraum-Modernisierung in Krankenhäusern ist man von Fliesen abgekommen«, sagt die Wohnberaterin. Wand und Boden werden mit einem speziellen Belag aus PVC ausgekleidet und die Nahtstellen wasserdicht verschweißt. Das verringert die Umbauzeiten, ist preiswerter als Fliesen, rutschhemmend und auch blendfrei durch matte Oberfläche, wärmeisolierend und leicht zu pflegen. Es lohnt sich, auch im privaten Bereich solches Material anstatt Fliesen in Erwägung zu ziehen.«

In der großen Dusche ist Platz genug für einen wandmontierten Duschklappsitz. Er muß in angemessener Sitzhöhe für die Benutzerin oder den Benutzer angebracht sein. Ein Duschfußbänkchen mit breiter Standfläche ist praktisch, um sich im Sitzen bequemer die Füße waschen zu können. Greifstangen oder Haltegriffe müssen aus rutschhemmendem Material sein, und vor der Montage müssen die Greifhöhen ausprobiert werden. Über dem Klappsitz ist ein Haltegriff nicht nur überflüssig, sondern hinderlich. Auch eine umlaufende Greifstange hat vor dem Klappsitz zu enden.

Eine fußbodengleiche Dusche läßt sich bei Neubauten und Sanierung von Altbauten einfach verwirklichen, wenn sie in die Planung einbezogen wird. Beim Umbau des Badezimmers in einem Mietshaus ist die Sache schon problematischer.

Um zu zeigen, wo es Probleme geben kann, wird jetzt etwas von Technik die Rede sein: Eine Dusche braucht einen Abfluß. Wie unter dem Waschbecken sitzt auch unter dem Duschbecken ein Syphon, der üblicherweise über dem Fußboden liegt. Dadurch ergibt sich der schon zuvor erwähnte Höhenunterschied zwischen Fußboden und Boden des Duschbeckens. Zusammen mit glatten Auftrittsflächen hat das schon häufig zu Unfällen geführt und ist auch für gelenkige Personen nicht ganz unproblematisch.

Fußbodengleicher Duschplatz jedoch bedingt die Verlegung von Syphon und Anschluß ans Abflußrohr unter das Fußbodenniveau. In einer unterkellerten Parterrewohnung war es so möglich, eine fußbodengleiche Dusche einzurichten. Die nachträglich installierte Rohrleitung durch die Kellerdecke störte niemanden. In einem anderen Mietshaus, wo sich der Hausbesitzer mit dem Umbau der Dusche einverstanden erklärte, sperrte sich der Mieter der darunterliegenden Wohnung. Sein Badezimmer wäre durch die Bau- und Installationsarbeiten in Mitleidenschaft gezogen worden. Das Ablaufrohr hätte durch seine Badezimmerdecke zum Abflußrohr in der Wand geführt – eine Verkleidung der Installationen und Geräuschisolierung durch eine untergehängte Decke ist nur bei genügender Raumhöhe oder bei Sanierung aller übereinanderliegenden Badezimmer eines Hauses möglich.

Herrn Masserts Wohnung sieht nicht danach aus, als lebe in ihr ein Schwerstbehinderter. Diese im Grunde positive Feststellung bestätigt ein vorherrschendes, vielleicht unbewußtes Vorurteil – denn: Wie stellt man sich eine solche Wohnung überhaupt vor?! Es ist eine ganz normal aussehende Wohnung, dennoch ist sie »behindertengerecht« – bis auf eine bodengleiche Dusche, die sich nachträglich nicht einrichten ließ. Wie ist hier das Problem gelöst, damit Herr Massert auch ohne Hilfe vom Rollstuhl aus in die Badewanne gelangen kann?

Der junge Mann sah sich selbst auf einer medizinischen Fachmesse um. Er fand einen festen, wasserdurchlässigen Haltegurt als sinnvolle Ergänzung zur motorischen Hubhilfe an der Deckenschiene. Nun setzt er sich auf den Gurt und läßt sich damit in die Badewanne hinein- und wieder herausheben – ohne Hilfsperson.

Trotz der erwähnten Nachteile beim üblichen Duschbecken sind die Vorteile der Dusche gegenüber der Badewanne nicht von der Hand zu weisen:

Duschen belebt den Kreislauf; es ist wasser- und energiesparend; die Dusche ist leichter sauberzuhalten; die Dusche ist – bei allen Einwänden – in der Regel doch leichter zu benutzen als eine Badewanne, und die Bewegungsfläche im Raum ist größer.

Die Dusche sollte allerdings einen bestimmten Bedienungskomfort haben und mit zusätzlichen Elementen den Bedürfnissen angepaßt sein. Die Armatur muß gut erreichbar und einfach zu bedienen sein. Wer Probleme mit den Fingern hat, wird mit einem Einhandmischer, dessen Hebel zur breiten und langen Schlaufe geformt ist, kaum Schwierigkeiten haben. Mit der nur leicht eingehängten Hand läßt sich das Wasser regulieren. Wer auf die Greifhöhe für die zuvor genannten Haltegriffe achtet, wird auch die Halter für Seife, Shampoo und Frottiertuch nicht an einer ungünstigen Stelle anbringen. Ein wandmontierter Duschklappsitz in angemessener Sitzhöhe ist zwar in dem beengten Raum mit herkömmlichem Duschbecken nicht optimal, kann aber nötig sein, wenn jemand nicht oder nicht lang genug stehen kann. Noch einmal sei betont, daß kein Haltegriff über dem Klappsitz angebracht werden darf, er stört im Rücken!

Ein Duschvorhang gibt Bewegungsfreiheit, dagegen engt eine

feststehende Trennwand ein, ebenso Türen, die nach innen aufgehen oder in Bodenschienen zur Seite geschoben werden. Der Boden des Duschbeckens muß rutschhemmend sein. Für die Verwendung einer Duschmatte gilt das gleiche wie bei der zuvor erwähnten Matte für die Badewanne: Die trockene Matte auf trockenen Boden andrücken, damit sich darunter kein Wasserfilm bildet, auf dem die Matte sonst weggleitet. Auch vor die Dusche gehört eine rutschhemmende Matte, die aus gleichem Grund stets auf trockenen Boden gelegt werden muß und – soweit Platz vorhanden – ein stabiler Hocker in greifbarer Nähe.

Das Waschbecken und die Armatur

Das Waschbecken, so scheint es, ist doch nicht der Rede wert, oder? Man steht davor, dreht das Wasser auf und verliert keinen Gedanken daran, ob Waschbecken und Armatur auch mit Behinderungen noch zu erreichen und zu bedienen sind. Was ist, wenn man das Waschbecken nur wegen einer vorübergehenden Schwäche im Sitzen benutzen möchte oder es überhaupt nur im Sitzen benutzen kann? Stellt sich dann heraus, daß es zu hoch – meist nach den alten Orientierungsmaßen in Altbauten – angebracht ist? (Auch für Kinder hängen viele Waschbecken zu hoch.) Oder läßt sich die Armatur auch dann noch bedienen, wenn die Hand geschädigt ist?
Höhe der Anbringung, Größe und Form des Waschbeckens, sowie der Bedienungskomfort der Armatur sind ausschlaggebend dafür, ob es überhaupt zu benutzen ist, wenn jemand gravierende körperliche Probleme hat. Um das Waschbecken herum muß genügend Bewegungsraum sein. (Bei Sanierung eines Bades wurde das Waschbecken so ungünstig plaziert, daß die Rollstuhlfahrerin sich weder daran waschen, noch daran vorbeikommen konnte, um zur Dusche zu gelangen.) Die Befestigung des Waschbeckens muß so stabil sein, daß man sich ohne Sorge darauf abstützen kann.

Bei Familie Schulberg sind weitere Voraussetzungen zur bequemen Nutzung für alle erfüllt: Das Waschbecken ist breit genug für Unterarmbäder. Es hat eine Stellfläche für Kosmetika. Der Spiegel reicht so weit herab, daß sich Frau Schulberg senior im Sitzen darin betrachten und frisieren kann.

Einziger Schwachpunkt war der wacklige Handtuchhalter zwischen Toilette und Waschbecken. Den ließ Herr Schulberg gegen einen zwar teuren, jedoch nützlichen Stützgriff austauschen: Mit Schwerlastdübeln an der Wand befestigt, ragt der Stützgriff 60 cm nach vorn und führt, nach einem vertikalen Bogen, 20 cm tiefer zur Wand zurück. Dadurch bietet er mehrere Stütz- und Greifmöglichkeiten an – vorn am Bogen, an der oberen und an der unteren Stange, auf die man auch das Handtuch hängen kann. Der Stützgriff besteht aus Stahl, mit Nylon ummantelt. Die Beschichtung ist besonders handfreundlich, faßt sich warm an, ist rutschhemmend und hygienisch. Diesen Wandstützgriff gibt es auch nach oben wegklappbar und flach zur Wand drehbar. Soll er gleichzeitig zum Abstützen neben der Toilette dienen, ist dieser Griff mit einer Länge von 83 cm besser geeignet.

Bei Herrn Massert war das Waschbecken zwar in akzeptabler Höhe angebracht, aber sehr klein. Er stieß mit den Fußstützen des Rollstuhls an der Wand an, bevor er nahe genug an das Waschbecken herankam. Die Fußstützen wegzuklappen war bei seiner Behinderung nicht möglich.

Die Dimension des Badezimmers erlaubte es, das Waschbecken gegen ein größeres zu ersetzen, das von der Wand bis zur Vorderkante mindestens 55 cm tief ist und das völlige Heranrücken des Rollstuhls ermöglichte. Die Vorderkante des Waschbeckens sollte hier gerade oder nur wenig gebogen sein. Ist die Einbuchtung zu stark, kann es passieren, daß man zwar vor dem Waschbecken sitzt, aber der Abstand zum Körper zu groß bleibt.

Ein häufiges Gegenargument zur Wohnungsanpassung, sogar aus Fachkreisen vorgebracht, lautet: Macht es den Leuten nicht zu bequem, ein bißchen Anstrengung trainiert die verbliebenen Fähigkeiten. Dazu muß gesagt werden, daß es nicht darum geht, es jemandem über alle Maßen bequem zu machen, sondern für möglichst selbständiges Leben die Voraussetzungen zu schaffen. Ein Beispiel:

Eine schwere Krankheit beeinträchtigt den 70jährigen Herrn

Wagner. Abwechselnd betreuen ihn ein Sozialer Hilfsdienst und seine berufstätige Tochter. Es deprimiert ihn, daß er am Waschbecken behandelt werden muß wie ein kleines Kind. Auf dem Hocker sitzend, ist für ihn alles außer Reichweite. Durch Versetzen des Waschbeckens und der Anschlüsse um einige Zentimeter nach unten, kann Herr Wagner an Armatur und Ablage. Er hat ein Stück Selbständigkeit zurückerlangt und bekommt wieder Auftrieb.

Aus Schweden kommt dazu eine interessante Lösung: Das stufenlos höhenverstellbare Waschbecken.

Form und Technik sind gut durchdacht. Eine Konsole bleibt waagerecht an der Wand und dient als Ablage. Davor neigt sich das Becken durch leichten Druck auf einen Hebel in die gewünschte Position. Auf diese Weise kann die Vorderkante bis zu elf Zentimeter abgesenkt werden. Ein elastisches Abflußrohr zum Wandsyphon folgt der Bewegung.

Die Seifenablagen haben Gefälle zur Wand hin, damit die Seife bei abgesenktem Becken nicht wegrutscht. Eine kleine Wölbung im Becken verhindert, daß auftreffendes Wasser spritzt. Auflagemulden für die Ellbogen erleichtern verschiedene Handhabungen beim Waschen, Pflegen oder Rasieren. Vor einer Anschaffung sollte jedoch bedacht werden, daß das Waschbecken ziemlich weit in den Raum ragt, es ist nämlich 64,5 cm breit und mit Konsole 63 cm ab Wand tief. Es muß also genügend Bewegungsfläche im Badezimmer vorhanden sein.

Ideal ist immer ein Kippspiegel über dem Waschbecken. Durch Drehen eines gut erreichbaren Bedienungsknopfes erhält er die passende Schräglage und gewährt dadurch im Stehen wie im Sitzen gleich gute Sichtverhältnisse. Werden neben dem Spiegel Lampen angebracht, dann unterhalb der Mitte – sitzen sie zu hoch, würde der nach vorn gekippte Spiegel das Licht schlucken.

Von der Bedienungsfreundlichkeit her gesehen fast unübertroffen ist eine Schweizer Armatur, ein Einhandmischer mit längerem Hebelarm, der wie eine breite Schlaufe geformt ist. Man kann die Finger bequem einhängen und den Hebel, ohne zufassen zu müssen, bewegen. Damit ist er schmalen, kurzen und glatten Hebeln, die beispielsweise von einer rheumatischen oder gichtigen Hand schlecht anzufassen und zu verstellen sind, weit überlegen.

Ein herausziehbarer Brauseschlauch mit Wasserstop, bekannt von modernen Küchenspülen, leistet praktische Dienste, zum Beispiel bei der Haarwäsche.

Einhebelmischer und Warmwasserversorgung müssen technisch harmonieren. Nicht jede Armatur funktioniert mit jedem Warmwassergerät. Das nur als Warnung für handwerklich begabte Laien, die meinen, eine Armatur sei einfach austauschbar. Die altbekannte Armatur mit zwei Drehknöpfen sollte heutzutage auch aus ökologischen und wirtschaftlichen Gründen ausgedient haben, wenn eine Neuanschaffung geplant ist. Manchmal jedoch ist es am einfachsten, eine defekte Zweigriffarmatur gegen ein gleichartiges neues Modell auszuwechseln. Die Wohnberaterin kennt allerdings die Nachteile und empfiehlt, in einer Ausstellung für Badezimmerbedarf die Drehgriffe auszuprobieren und sich zu fragen: Sind sie noch gut zu greifen, wenn sie wie ein Konus oder gar eine Kugel gestaltet sind? Vielleicht. Wird man sie mit nassen oder seifigen Fingern drehen können, auch dann noch, wenn man Probleme mit der Hand hat? Mit Sicherheit nicht! Dagegen verläuft ein Versuch mit zwei »nostalgischen« Drehkreuzen durchaus positiv: Die Finger finden Halt.

Ein rheumageplagter Mensch, der sich vor jeder Berührung mit kaltem Metall fürchtet, wandte sich mit der Frage nach einer sensorgesteuerten Mischbatterie als idealem Wasserspender an die Wohnberaterin. Sie riet eher zu dem schon erwähnten Hebelmischer und meinte: »Die Sensor-Technik ist sinnvoll, wo viele Leute sich die Hände waschen, in Gast- und Raststätten etwa, im Haushalt nur bedingt.«

Wunderbar warm – das Wasser und der Raum

Fließend warmes Wasser ist heute in jeder Wohnung – fast – selbstverständlich. Noch ist es hier und da nötig, sie mit Warmwassergeräten nachzurüsten, weil keines vorhanden, oder alte Geräte zu ersetzen. Ein Installateur wird an Ort und Stelle beraten, was für Badewanne oder Dusche und Waschbecken zweckmäßig ist. Oft ist es günstiger, für Bad und Küche separate Warmwassergeräte zu installieren, die den jeweiligen Anforderungen entsprechen, denn damit entfallen lange Leitungswege. Auch bei kleinen Geräten darf man nicht vergessen, daß sie im Weg sein könnten. Untertischgeräte für Waschbecken nehmen wenig Platz weg, doch die Untersitzbarkeit muß durch seitliche Montage erhalten bleiben. Im Bad eines Rollstuhlfahrers, der den Bewegungsfreiraum für die Fußstützen bis zur Wand unter dem Waschbecken braucht, montierte man statt dessen ein Übertischgerät. Mit elektronischer Steuerung halten moderne Geräte die gewünschte Temperatur, die stufenlos zu regulieren ist, konstant. Bei zentraler Warmwasserversorgung kann ein Temperaturwähler gleichbleibende Temperatur ermöglichen. Im Bedarfsfall ist andererseits ein Temperaturbegrenzer (Verbrühungsschutz) ratsam, um nicht versehentlich zu heißem Wasser ausgesetzt zu sein.

In einer Altbauwohnung wurde Badewasser noch umständlich durch einen Kohle-Badeofen erhitzt. Nun ist er defekt und muß ausgetauscht werden. Ein modernes Warmwassergerät bedeutet spürbare Erleichterung bei der Hausarbeit. Je nachdem, welche Installationen in der Wohnung vorhanden sind, kann es ein Gas- oder Elektrogerät sein. Hohe Anschlußleistungen bei einem Elektrogerät setzen die entsprechende Stromversorgung voraus. Wird im Haushalt bereits mit Gas gekocht, läßt sich meist auch ein mit Gas betriebenes Warmwassergerät anschließen. Zuvor muß jedoch der Schornsteinfeger prüfen, ob diese Heizart – gleich ob für Warmwasser, Heizung oder das Kombinationsgerät für beides – an den vorhandenen Kamin angeschlossen werden darf.

Im Sanitärraum sollte die Temperatur 24 Grad erreichen können. Ist bei einer Zentral- oder Etagenheizung der Heizkörper im Bad zu klein dimensioniert oder ungünstig angebracht und damit die Wärmeverteilung träge, dann ist eine Zusatzheizung erforderlich. Sie ist auch ratsam für die Übergangszeit oder an kühlen Sommertagen, wenn auch ansonsten eine angenehme Raumtemperatur herrscht.

Ein separates elektrisches Heizgerät, eventuell ein Flachheizkörper, ist eine einfache Lösung des Problems, macht sich aber in der Stromrechnung deutlich bemerkbar. Elektro-Direktheizer, auch Heizlüfter und ähnliche Geräte, sind nämlich Stromfresser. Temperatur- und/oder zeitgesteuert läßt sich der Verbrauch etwas begrenzen. Heizstrahler sind keine guten Alternativen. Sie bleiben oft aus Versehen ungenutzt eingeschaltet. Notwendige Leitungen und wassergeschützte Steckdosen darf nur ein zugelassener Elektroinstallateur verlegen. Im Badezimmer sind die Sicherheitsbereiche zu beachten. Es dürfen nur Geräte für Feuchtraumbetrieb Verwendung finden.

Ein Handtuch-Radiator – in Verbindung mit der Zentral- oder Etagenheizung – wärmt und trocknet nicht nur die Frottiertücher. Er sorgt auch für zusätzliche Wärme im Raum, bei ausgeschalteter Heizanlage über eine gesonderte Elektroheizpatrone. Über eine Digitalzeitschaltuhr sind verschiedene Betriebszeiten programmierbar.

Generell sollte ein Heizkörper so dimensioniert sein, daß er für ausreichende Wärme sorgt, und so angebracht, daß er die Wärme im Raum gleichmäßig verteilt. Die Wärmeabgabe sollte über ein Thermostat-Ventil zu regulieren sein, das im Greifbereich ist und nicht etwa am unteren Teil des Heizkörpers. Unzweckmäßige Installationen können das Wohlbefinden beeinträchtigen und Probleme aufwerfen. Das nächste Beispiel ist leider kein Einzelfall: In einer Wohnung mit Zentralheizung ist der Heizkörper in einer Nische hinter der Badewanne versteckt, die einfache Heiß-Kalt-Verstellung könnte nur mit einer Zange erreicht werden. Der Mieter läßt die Heizung auf vollen Touren laufen, und wenn ihm zu warm ist, öffnet er die Tür zum Flur, denn auch das Fenster über der Badewanne sitzt für ihn außer Reichweite. Die Wärme bleibt zwar im Haus, aber die verbrauchte Luft auch. Abhilfe: ein Thermostat-Ventil.

Manchmal wird auch bei Mietern, nicht nur bei Bauherrn und Vermietern, am falschen Ende gespart. Da kämpft eine ältere Bewohnerin mit einer Bronchitis und bittet um Hilfe, denn sie bekäme ihr Badezimmer nicht warm, die Heizung funktioniere nicht. Die Sachlage ist rasch erklärt: Der Heizkörper im Badezimmer ist gedrosselt. Erst jeweils bei Benutzung dreht sie das Thermostat-Ventil auf und wundert sich, daß der Raum trotzdem zu kühl bleibt. – Künftig wird sie die Raumtemperatur nur selbst absenken, wenn sie längere Zeit abwesend ist.

Ein krasses Beispiel illustriert zwingend notwendige Verbesserungsmaßnahmen: Altersgebrechen erschwerten einer Frau die

Bewirtschaftung des uralten Häuschens, das sie allein bewohnt. Wunderbar warm hatte sie es allenfalls am Kohleherd in der Küche. Warmes Wasser machte sie sich im Wasserkessel. Ein Bad war nicht vorhanden. Die einzige Waschgelegenheit gab es in der Küche in Form eines emaillierten Gußeisentrogs. Die Toilette war im Hof. Die betagte Frau fürchtete sich vor dem nächsten Winter, denn dann fror der Abort ein.

Schließlich wurden Mitarbeiterinnen einer sozialen Beratungsstelle im Wohnviertel auf ihre prekäre Lage aufmerksam. Sie organisierten Hilfe für den Haushalt und zogen die Wohnberaterin zu, die folgende Lösung vorschlug:

Eine Abstellkammer, in der sich auch viel Unbrauchbares angesammelt hatte, müßte geräumt werden. Toilette, Waschbecken, Dusche, Warmwassergerät und Heizung ließen sich hier unterbringen und ans Ver- und Entsorgungsnetz anschließen. Kostenvoranschläge sind einzuholen, die Finanzierung zu klären, Lieferungen und Arbeitsabläufe zu koordinieren.

Wunderbar warm – schierer Luxus oder menschenwürdiges Wohnen?

Die Toilette außerhalb der Wohnung, auf halber Treppe, ist in alten Mietshäusern keine Seltenheit. Bei Sanierungsmaßnahmen ist generell zu prüfen, wie in jede Wohnung verbesserte Heizmöglichkeiten und ein angemessener Sanitärraum mit Toilette, Waschbecken und Dusche integriert werden können.

Die Toilette

Sich ohne Schwierigkeiten niederzulassen und aufzustehen, kann für ältere Menschen zum Problem werden. Besonders gravierend macht sich das bei der Toilette bemerkbar. Aber selten kommt jemand selbst auf den Gedanken, daß sich an der Toilette etwas ändern läßt, auch nicht Frau Pfitzner.

»Wenn ich zum ersten Mal zur Beratung komme, werde ich immer zunächst ins Wohnzimmer gebeten, auch wenn es ums Badezimmer geht«, sagt die Wohnberaterin. »Und oft wird mir dort schon einiges klar, beispielsweise, daß Frau Pfitzner noch andere Probleme im Badezimmer haben muß, als nicht in die Wanne zu können, weshalb sie mich gerufen hatte. Wie mühsam sie sich aus dem Sessel erhebt, zeigt mir, daß 42 cm Sitzhöhe für sie zu niedrig sind – beim herkömmlichen Sessel wie bei der üblichen Toilette.«

Im Badezimmer offenbart sich dann die Situation: Mit Anstrengung läßt sich Frau Pfitzner auf dem Toilettendeckel nieder und hört den Erläuterungen der Wohnberaterin zum Thema Badewanne aufmerksam zu.

Das Aufstehen fällt ihr ebenso sehr schwer. »Das wird auch nicht besser«, sagt sie und meint ihr Hüftleiden. Daß eine Erhöhung der Toilette machbar ist und ihr Schmerzen ersparen könnte, weiß sie nicht. Von allein würde sie das Gespräch nicht darauf bringen, es scheint ihr peinlich. Die Wohnberaterin hakt vorsichtig nach: »Wir sollten Überlegungen anstellen, wie Sie von dem Sitz hochkommen, ohne sich zu quälen.«

Ein Haltegriff an der Wand neben der Toilette, an dem sie sich hochziehen und abstützen kann, wäre schon eine erste Hilfe. (Ein geeigneter Haltegriff ist im Teil »Dusche« und ein Stützgriff im Teil »Waschbecken« des gleichen Kapitels beschrieben.) Ist beabsichtigt, eine Toilette zu erhöhen, wird ein nötiger Griff erst anschließend montiert, weil sich durch die veränderte Sitzhöhe ein anderer Greifbereich ergibt.

Zur Erhöhung der Toilette gibt es verschiedene Möglichkeiten. Unterschiedliche Aufsätze aus dem Sanitätshandel können den Zweck erfüllen, doch ihre Konstruktion sei meist nicht sehr befriedigend und außerdem damit für Besucher die körperliche Einschränkung der Bewohnerin augenfällig.

»Gibt es nicht anstatt des Aufsatzes einen Sockel für das Toilettenbecken?« fragt Frau Pfitzner. – Antwort: »Es gibt Porzellansockel. Die passen leider nicht unter jede beliebige Toilette, sondern gehören zu einem Modell, das importiert wird. Einen Aufsatz bezahlt Ihnen vielleicht die Krankenkasse, nicht jedoch eine neue Toilette mit Sockel darunter.« Dieses ganz normale Toilettenbecken hat die übliche Höhe, die allerdings mit einem sechs cm hohen Porzellansockel unauffällig angehoben werden kann. Diesen Sockel gibt es auch in zehn cm Höhe, um problemlos vom Rollstuhl zur Toilette überwechseln zu können.

Wo eine Toilette zu niedrig ist, kann sie ohne großen technischen Aufwand gegen diese mit Sockel ersetzt werden. Der Installateur bringt ein neues Knie zum Abflußrohr in der Wand an und stellt die Verbindung zum Tiefspülkasten her.

In diesem Fall läßt die Hausverwaltung mit sich reden. Sie hat einen Sanierungstopf, aus dem sie die Rechnung für die neue Toilette und Installationsarbeiten begleicht. Frau Pfitzner kauft sich zusätzlich im Sanitätshandel einen ihre Beschwerden mildernden Toilettensitz, dessen Formgebung auch längere Sitzungen erträglich macht. Er ist ein Beispiel für gelungenes Design – elegant in der Linienführung und praktisch. Dieser Toilettensitz kann sich seitlich nicht mehr verschieben, was bei manch anderen häufig zu beanstanden ist, weil es nicht nur zu Unsicherheit beim Setzen, sondern auch zum Bruch der Halterung führt.

Frau Bohlig wohnt in einer Eigentumswohnung zur Miete. Sie hat ein schickes Badezimmer mit wandhängender Toilette. Vor einiger Zeit hatte sie einen schweren Unfall. Seitdem ist ihr eines Bein steif, und sie muß sich bis zur möglichen Genesung mit der Behinderung arrangieren. Deshalb ihre Frage an die Wohnberaterin: »Kann man das Klosettbecken nicht vorübergehend etwas höher hängen?« Die Antwort muß negativ ausfallen. Bei dieser WC-Anlage kann man nur vor dem Einbau die Höhe bestimmen. Die tragenden Teile befinden sich in der Wand, hinter den Fliesen. Aufhängung, Wasserzufluß und Abfluß sind festgelegt. Frau Bohlig hatte sich die Veränderung zu einfach vorgestellt, doch auch ihr konnte geholfen werden:

Wie schon erwähnt, gibt es im Sanitätshandel Toilettensitz-Erhöhungen in verschiedenen Ausführungen, die sich nachträglich auf handelsübliche Toiletten montieren lassen, und Aufsätze, die individuell höhenverstellbar sind. Frau Bohlig ist anfangs nicht recht glücklich über die gefundene Übergangslösung. Nach dem Probesitzen ist sie jedoch überzeugt, daß das Hilfsmittel tatsächlich eine Erleichterung bedeutet, und schiebt ihren ästhetischen Anspruch beiseite.

»Warum nur«, fragt sich ein Hausarzt, »haben die Deutschen die Annehmlichkeiten eines Bidets so spät entdeckt?« Er ist in der Wohnung einer sogenannten Großfamilie. Aus gesundheitlichen Gründen wäre nun bei einem Familienmitglied ein Bidet dringend angezeigt. Doch im Badezimmer ist kein Platz für weitere Einrichtungen. Die Lösung hält diesmal der Sanitärhandel bereit: Hier werden Kombinationen von WC und Bidet als Einheit angeboten.

Wem der Austausch der Toilette gegen eine solche Kombination zu aufwendig ist, interessiert sich vielleicht für einen WC-Sitz mit eingebauter Warmwasser-Unterdusche und Warmlufttrocknung. Diese komfortable Hygienetechnik paßt auf die meisten WC-Modelle. Doch muß außer dem Installateur meist ein Elektriker kommen, denn oft fehlt eine wassergeschützte Steckdose für den nötigen Anschluß.

Anfangs scheut die Hausfrau, die auch die Pflegende ist, die Kosten und wegen der Fliesen die Installationsarbeiten für die Steckdose. Sie behilft sich vorläufig mit einem Kunststoff-Becken aus dem Sanitätshandel, das bei Bedarf in die Klosettschüssel eingehängt und mit warmem Wasser gefüllt wird. Die Pflege ist zwar dadurch erleichtert, aber immer noch recht umständlich. Schließlich stimmt sie einem neuen WC-Sitz mit eingebauter Unterdusche zu, da er nicht nur einem kranken Menschen nützt, sondern auch zu ihrer eigenen Entlastung als Pflegerin beiträgt. Davon abgesehen ist er kein Krankenhilfsmittel, sondern eine Anschaffung für die ganze Familie.

Noch ein Hinweis zum Thema Geruchsbelästigung:
Bei Flachspülklosetts läßt sich Geruchsbelästigung nicht vermeiden. Um den Raum zu entlüften, wenn nicht auf andere Art möglich, hat sich zum nachträglichen Einbau ein Kleinraumventilator bewährt. Beim Einschalten der Raumbeleuchtung läuft er selbsttätig an. Nach dem Ausschalten des Lichts läuft er noch zehn Minuten weiter. Er wird an einen vorhandenen Entlüftungsschacht, an der Außenwand oder auch im Fenster zum Abzug der angesaugten Luft eingesetzt.

Es gibt auch eine Vorrichtung zum Luftabsaugen direkt aus der Toilettenschüssel. Die verbrauchte Luft wird dabei ebenfalls durch einen vorhandenen Abluftschacht nach außen transportiert. Geruchsneutralisierung durch ein Gerät mit Aktivkohlefilter ist nur ein Notbehelf.

Bei Tiefspülklosetts und Absaugklosetts gibt es durch den Wasser-

spiegel weniger Verschmutzungsrückstände und weniger Geruchsbelästigung.

Innenliegende, fensterlose Sanitärräume sind nicht immer mit guter Be- und Entlüftung versehen. Andererseits können auch
schlecht konzipierte Badezimmer, mit kaum erreichbarem Fenster
über der Badewanne, das Lüftungsproblem aufwerfen. (Mehr
über Fenster und Lüften im Kapitel »Wohnzimmer«, unter »Heizen und Lüften«.)

Kapitel 2

Küche

Auf einer Elektronikmesse wurden die neuesten »Heinzelmänn-
chen« für eine vollelektronische Küche vorgestellt: Per Zeitsteue-
rung, Sensoren, Fernbedienung oder Zuruf funktionierte in der
Küchenwelt alles wie von Zauberhand.

Enttäuscht wendet sich die Wohnberaterin ab und sagt: »Natürlich
bin ich für jedes System und jedes neue Konzept auf diesem Gebiet, das Schwerstbehinderten zur Eigenständigkeit verhilft, aber
ein Haushalt ist keine Fabrik.

Selbstverständlich erleichtern moderne Techniken die Arbeit im
Haushalt. Die Schwierigkeiten, in der Küche zu hantieren, sei es
durch Nachlassen der Kräfte oder eine Behinderung, werden jedoch selten durch raffinierte Elektronik aufgefangen. Die Probleme beginnen ganz woanders.«

Wenn es schwierig wird, sich in der Küche ein Butterbrot zu
schmieren, dann ist sie falsch eingerichtet. Fehlt ein Sitzplatz?
Sind Geschirr und Geräte, Butter und Brot nicht gut greifbar untergebracht? Das kann sowohl in der Küche Marke »Uralt« wie in
der Einbauküche mit Supertechnik der Fall sein. Die Küche ist ein
relativ teurer Hausarbeitsplatz, wo sich Überdenken und Planen
auszahlt. Vor der Beratung durch einen Küchenspezialisten muß
man sich darüber im Klaren sein, was man tatsächlich braucht und
wie man in der Küche hantieren will.

Leider sind Küchenhersteller noch nicht auf die Idee gekommen,
daß generell Küchenarbeit im Sitzen die erste Erleichterung ist.
Ihr Beitrag dazu, Arbeit im Stehen zu verringern, erschöpft sich
meist in der Empfehlung, einen langbeinigen Stuhl, eine Art Bar-
hocker zu benutzen (denn die Arbeitsflächen sind in der Höhe ja
eigentlich für Stehende gedacht) und auf eine herausziehbare,
niedrigere Platte als Arbeitsplatz in normaler Tischhöhe nicht zu
verzichten. Wie eine Mauer blockieren dann die Fronten der Unterschränke und Untertischgeräte die Möglichkeit, alle anfallen-
den Arbeiten im Sitzen zu erledigen.

Das Etikett »Für Rollstuhlfahrer« und vor allem der Preis, der für das Sonderprogramm verlangt wird, schreckt Menschen, die sich vielleicht weder gut bücken noch lange stehen können, vor dem Kauf einer praktischeren Einbauküche ab. »Wir sollten endlich von den Sonderprogrammen und Sonderwohnformen wegkommen«, meint die Wohnberaterin. »Es ist doch eigenartig, daß wir erst beim Planen und Gestalten für behinderte oder alte Menschen merken, was praktischer und bequemer für uns alle ist.«

Jeder redet von Integration der Behinderten, in der Familie Talhuber wird sie praktiziert. Ihr Sohn ist Sonderschüler und fest in das Gemeinschaftsleben von Eltern und Geschwistern einbezogen.
Im Unterricht lernt er Plätzchen backen. Er findet Spaß daran und möchte sich auch zu Hause nützlich machen. Der Vater sieht sich in der Schule die Küche, die für behinderte Kinder eingerichtet ist, genau an. Änderungen in der häuslichen Küche sind unumgänglich und werden vorgenommen. Die Mutter, die täglich kocht, findet diesen Arbeitsbereich jetzt praktischer als vorher, und ihr Junge kann darin vom Rollstuhl aus ungehindert hantieren.
Um Selbständigkeit zu fördern und zu wahren, steht die angepaßte Küche mit an erster Stelle – »maßgeschneidert« insbesondere auf die Person und nicht nur auf die vier Wände bezogen. »Kann sich ein alter Mensch beim Süppchenkochen hinsetzen«, sagt die Wohnberaterin, »haben wir schon den Anfang der altengerechten Küche.«

Alles in greifbarer Nähe

»Hänschen hilf mir mal«, sagt Oma und bittet um einen Topf aus dem Küchenbüfett. Oma ist berühmt gewesen für ihre Kochkünste zu Familienfesten. Samstags bekocht sie nun ihren Enkel. »Du hast immer prima Ideen«, sagt sie, aber mit seiner neuesten Idee mag sie sich nicht anfreunden. »Eine neue Küche? In meinem Alter? Ich werde mit meiner gewohnten Küche nicht mehr fertig, was will ich mit einer neuen? Außerdem ist mir das Kochen verleidet.«
Der Enkel hat gesehen warum: Oma kann nicht mehr so lange

DIE GREIFBEREICHE

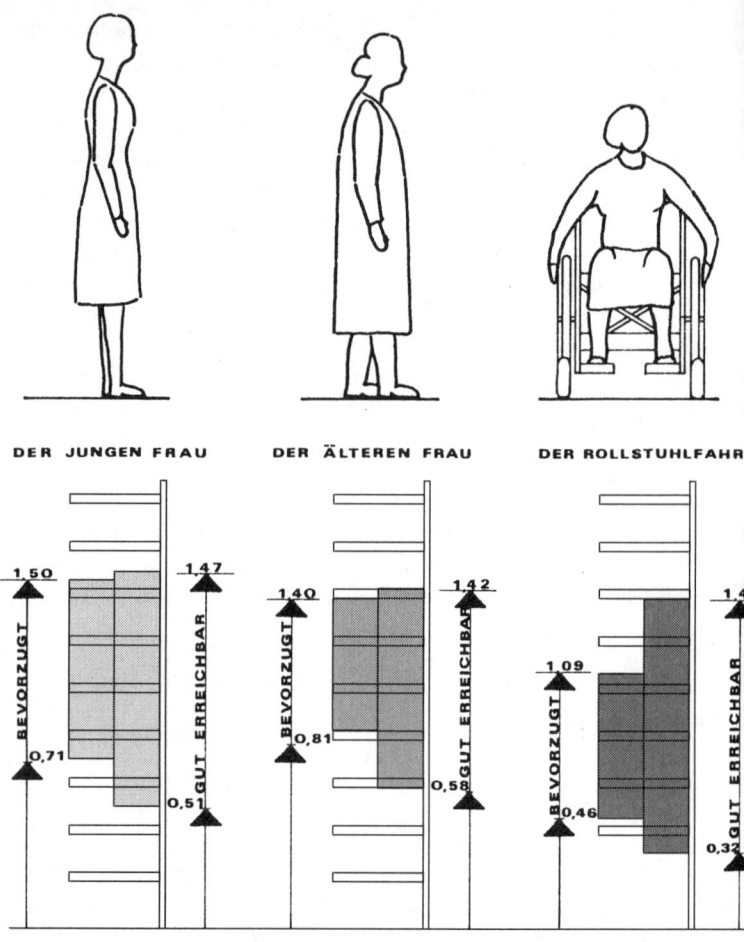

Planungshilfe
(nach Dipl.-Arbeit von Christa Osbelt)

GEGENÜBERSTELLUNG

ALLER GREIFBEREICHE

DER UNTERSUCHTEN

PERSONENGRUPPEN.

ERGEBNIS:

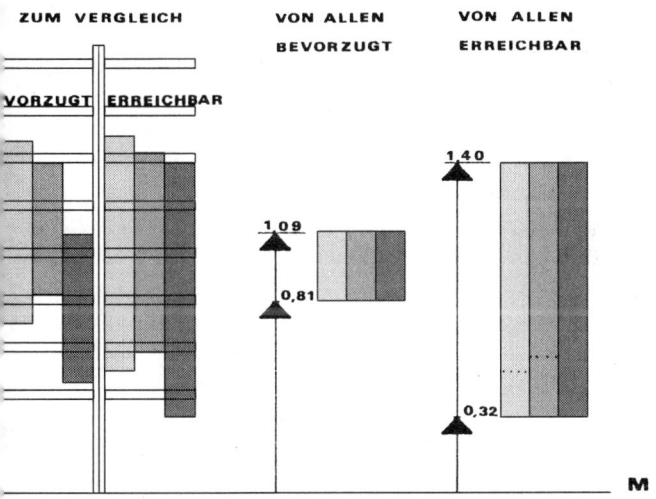

ZUM VERGLEICH

VORZUGT ERREICHBAR

VON ALLEN
BEVORZUGT

VON ALLEN
ERREICHBAR

1,09

0,81

1,40

0,32

M 1:20

stehen und sich nicht mehr so gut bewegen. Sie stützt sich am Gasherd und auf der Spüle ab. Sie kniet vor dem vollgestopften Küchenschrank und kommt kaum mehr hoch. Sie greift ans oberste Fach des Aufsatzes, kann aber nicht mehr hineinlangen, sie müßte sich zu weit strecken.

Hänschen reagiert. Er kauft erst einmal einen Arbeitsstuhl für die Küche, der später Omas Lieblingsstuhl wird. Dieser ist höhenverstellbar, hat eine bequeme Rückenlehne und eine umlaufende Fußstütze. Die fünf Rollen sind mit einem handlichen Hebel, der im Sitzen gut erreichbar ist, festzustellen.

Es war gar nicht so einfach, den Stuhl zu bekommen. Der junge Mann hatte ganz bestimmte Vorstellungen von einer stabilen Sitzgelegenheit: Es sollte ein Stuhl mit Rollen sein, der sich auf keinen Fall selbständig machen und sie in Gefahr bringen durfte. Da er ihn in keinem Laden für Küchen oder Stühle fand, ging er in ein Sanitätsgeschäft. Dort gab es den gewünschten Stuhl, allerdings auch zu einem entsprechenden Preis.

Das war für den jungen Mann eine zu große Ausgabe. Er war enttäuscht und wollte wieder gehen.

»Wenn Ihre Angehörige einen Spezialstuhl aus medizinischen Gründen benötigt, dann wird er vom Arzt verordnet«, sagte der Fachberater.

»Meine Großmutter hat nur ein paar kleinere Beschwerden. Ich dachte, ein solcher Stuhl wäre für sie gerade richtig, aber nicht so teuer.«

Eine Kollegin wußte Rat: »Wir haben ein solches Modell von einem privaten Kunden in Kommission.«

An dem gebrauchten Stuhl hatte Hänschen nichts auszusetzen und kaufte ihn. – Übrigens können im Fachhandel für Sanitätsartikel eine Menge nützlicher Geräte, von der Baby-Waage bis zum Pflegebett, für eine geringe Tagesgebühr auch ausgeliehen werden.

Hänschen orientiert sich weiter und bringt Küchenprospekte von einem Möbelmarkt mit. Er mißt die Küche aus und ermittelt, wie weit Oma vom neuen Stuhl aus nach oben, nach vorn und nach unten greifen kann, wenn sie sich mit einer Hand an der Schrankplatte festhält. Oma spielt lachend mit und probiert das gleiche im Stehen. Dann kommt sie selbst auf die Idee, am verstellbaren Bügelbrett die künftige Arbeitsplatzhöhe zu bestimmen. »Meinst du, du kannst extra für mich eine Küche backen?« fragt sie. »Und was wird mit meinem Büfett? Und was machen wir mit den ganzen Sachen, die da drin sind?« – »Ausmisten«, meint ihr Enkel und gelobt, das Büfett, abgelaugt und gewachst, im eigenen Wohnzimmer zu verwenden.

Ein Neffe ist Schreiner und hilft Hänschen, die im Möbelmarkt ausgesuchten Einzelteile einzubauen: Unterschränke mit Auszügen, die leicht rollen und nicht mehr mit Einlegeböden und Türen wie bisher. Darüber Hängeschränke mit Einlegeböden und Türen, die sich um 180 Grad aufdrehen lassen. – Wenn eine Tür sich nämlich nur um 90 Grad dreht, steht sie in den Raum, und man stößt sich leicht. Zwei schmale Türen am Schrank sind übrigens vorteilhafter beim Öffnen als nur eine breite Tür. Schiebetüren sind in einer Küche ungünstig, weil man nur zur einen Hälfte des Stauraumes Zugriff hat. In den Türschienen fängt sich zudem gern schiebehemmender Schmutz.

Die Griffe an Türen und Auszügen müssen breit sein und genügend Abstand zur Fläche haben, um die Finger gut einhängen zu können, ohne sie einzuklemmen. Am besten werden sie waagerecht angebracht. (Mehr zum Thema »Griffe« im Kapitel »Hilfsmittel«.)

Anzahl und Anordnung der Möbel in der Küche richten sich nach dem Grundriß des Raumes, nach dem Platz zwischen Fenster und Tür und nach den Anschlüssen für Installationen, die gegebenenfalls auch versetzt werden können. Ideal für die Arbeitsabläufe ist es, wenn Kochfläche, Arbeitsplatte und Spüle über Eck angeordnet und untersitzbar sind.

So sieht es in Omas neuer Küche aus: Die Arbeitsplatte liegt auf den Unterschränken, zwischen denen Platz zum Sitzen ist. (Ihr Stuhl ist höhenverstellbar.) Darüber hängt, zwischen den Oberschränken, ein offenes Regal, in dem sich Arbeitsgeräte und Kochzutaten befinden, die Oma ständig braucht. Eine Linienleuchte unter dem Regal sorgt für blendfreies Licht auf der Arbeitsfläche. Mit der Deckenbeleuchtung allein hatte sich Oma bisher überall in der Küche selbst im Licht gestanden.

Die Steckdosenleiste, vom Elektriker im Greifbereich an der Wand installiert, ersetzte nun die Verlängerungskabel und die alten, verbotenen Doppelstecker.

Oma hat sich bald daran gewöhnt, in der Küche mehr im Sitzen zu arbeiten, so daß sie ihre »Stehzeiten« am Herd und an der Spüle besser verkraftet. An Spüle und Herd kann man halt nichts ändern, denkt sie. Das nächste Beispiel jedoch veranschaulicht, wie ein solcher »Umbau« vonstatten geht, um im Sitzen kochen und spülen zu können.

Herr Müller ist Witwer. Die Küche war das Revier seiner Frau gewesen. »Wenn der Kessel pfeift, kocht das Wasser, dann kann ich den Kaffee filtern. Für Kaffee war ich zuständig«, erzählt er, »und fürs Fensterputzen, das war das einzige, was ich im Haushalt konnte.« Nach und nach lernte er die Grundbegriffe der Haushaltsführung, denn er wollte sich nicht von anderen abhängig machen, sondern selbständig sein. Da er an Arthrose im linken Bein leidet, kann er an schlechten Tagen nicht gehen und muß sich im fahrbaren Bürosessel mit dem anderen Fuß durch die Wohnung schieben.

»Die Küchenzeile mit Herd und Spülschrank ist zentimetergenau in den Raum eingepaßt, doch diese Front der Unterbauten ist meinen Beinen jetzt im Weg, wenn ich davor sitzen muß.«

»Kein Problem«, antwortet der Küchenspezialist, der seine Fabrik am Ort hat und mit anderen Handwerkern wie Installateuren und Fliesenlegern zusammenarbeitet.

Unter Einbeziehung der vorhandenen Küchenmöbel wird ein Konzept entwickelt und ein Kostenvoranschlag für Neuanschaffungen und Montagearbeiten abgegeben. Herr Müller holt sich das schriftliche Einverständnis der Hausverwaltung, daß der Herd mit Backofen und der Spülschrank entfernt werden dürfen ohne die Verpflichtung, bei Auszug die Küche wieder in den alten Zustand zu versetzen.

Nun erhält er eine Küchenzeile, die untersitzbar beziehungsweise für ihn unterfahrbar ist: Auf einem stabilen, an der Wand befestigten Rahmen ruht die Arbeitsfläche. Sie besteht aus einer zweiflammigen Kochmulde, einer Spüle und aus Abstellflächen, unter denen sich jeweils eine Schublade befindet.

Eine Isolierplatte unter der Spüle schützt die Beine vor erhitztem Metall, wenn man kochendheißes Wasser abgießt. Die Spülarmatur besteht aus dem im vorigen Kapitel erwähnten Einhandmischer mit längerem, zur Schlaufe ausgebildeten Hebelarm, der leicht zu bedienen ist. Sie hat einen herausziehbaren Brauseschlauch mit Wasserstop.

Hängeschränke und Regale, rechts und links über der Kochmulde im Greifbereich montiert, nehmen auf, was zuvor in einem Unterschrank stand.

Die Höhe der Küchenzeile errechnet sich aus der Sitzhöhe – das heißt, Knie und Oberschenkel müssen unter der Spüle mit Isolierplatte bequem Platz finden – und der Tiefe des Spülbeckens. Üblich sind 15 cm Spülbeckentiefe. Flacher, nur zehn cm tief, ist die Spüle eines dänischen Herstellers. Dazu eine Frage an die Wohnberaterin: Muß die untersitzbare oder unterfahrbare Küchenzeile demnach für jede Körpergröße und Sitzhöhe besonders eingerichtet werden?

»Selbst wenn das sein müßte«, sagt sie, »wäre es keine große Affäre, ein paar Dübel neu zu setzen und alles einige Zentimeter raufoder runterzuschieben. Aber wir haben die Erfahrung gemacht, daß es immer auf die gleichen Orientierungsmaße hinausläuft. Es wäre zudem grotesk, wenn ich jetzt eine Küche bauen lasse, die nur für einen einzigen Menschen benutzbar ist, für Familienmitglieder, Helfende oder Nachmieter nicht. Im Gegenteil – mag es auch eine ungewohnte Küche sein, jetzt genau richtig für eine bestimmte Person – bequemer ist sie trotzdem für alle. Man braucht als junger Mensch nur einen Hexenschuß zu haben, und schon ist es aus mit der durchrationalisierten Küche, mit ihren Sockelschubladen und den Schränken bis unter die Decke. Dann muß man beim Nachbarn klingeln, um sich etwas herausholen zu lassen.«

Ideal ist eine Küche, wenn Unterschränke auf einem 30 cm hohen Sockel stehen, der zusätzlich an der Wand befestigt ist. Das unterste herausziehbare Schrankfach liegt dann meist noch im bequemen Greifbereich vom Stuhl aus oder im Stehen. Der Sockel soll außerdem 20 cm von der Vorderkante des Schrankes zurückstehen. Das gibt Fußfreiheit beim Stehen oder auch Sitzen und Bewegungsraum für Fußstützen, wenn man einen Rollstuhl benutzt. Bei einem 30 cm hohen Sockel muß der Schrank darauf entsprechend niedriger als der übliche Unterschrank sein, falls man darauf eine Arbeitsfläche wünscht. Sonst eignet sich die Schrankoberseite wegen der neuen Höhe nur als Abstellfläche.

Sinnvoll für Vorarbeiten beim Kochen ist die bereits empfohlene herausziehbare Arbeitsplatte, in der Höhe knapp über den Oberschenkeln beim Sitzen. Früher stellte Oma sich die Schüssel zum Kartoffelschälen auf den Schoß, wenn sie am Küchentisch saß. Das war die ergonomisch richtige Position, um den Körper bei der Arbeit zu entlasten. Für solche Arbeiten ist die übliche Tischhöhe einfach zu hoch.

Kann man seine Küche nicht selbst umbauen oder hat keine Freunde oder Verwandte mit dem nötigen Know-how, dann ist eine neue Küche oft billiger, als eine vorhandene umrüsten zu lassen. »Kommen wir weg von den Traumküchen, die vom Design her heute in Mode sind und morgen schon ganz alt aussehen. Es muß auch nicht alles aus einem Guß sein«, so die Wohnberaterin. »Unsere Küche, unser bestes Stück, kann durchaus verschiedene Greifebenen zeigen. Grundriß, beieinanderliegende Versorgungsstränge – nicht die Herdplatte in der einen Ecke und die Spüle am anderen Ende des Raumes – und individuelle Arbeitsabläufe bestimmen die Küchenplanung.« Hat man im Qualitäts- und Preisvergleich ein günstiges Küchenprogramm nach seinen Wünschen gefunden, kann man vielleicht etwas mehr in die Geräte investieren.

Kochen und Kühlen

Es ist immer wieder überraschend, mit wie wenig Küchengeräten berühmte Köche auskommen, staunt Tante Ella, wenn sie die Zubereitung eines Menüs im Fernsehen verfolgt. Trotzdem kann sie nicht widerstehen, wenn ein neues Küchengerät angepriesen wird. Das hat zur Folge, daß Schubladen und Schränke überquellen und weitere Utensilien ungenutzt den Arbeitsplatz verstellen. »Wie gut«, meint sie, »daß das Möbelprogramm anbaufähig ist. Ich werde mir noch einen kleinen Hängeschrank zulegen, damit ich das alles besser verstauen kann.«

Oma dagegen ist glücklich darüber, daß sie sich in der Küche von unnötigem Ballast getrennt hat. »Sei ehrlich«, sagt sie, »brauchst du dieses oder jenes Gerät wirklich?«

»Das sagst ausgerechnet du, wo du jetzt zwei Backöfen hast!« kontert Ella. – »Den alten benütze ich nicht mehr«, erwidert Oma,

»warum soll ich es im Alter nicht einfacher haben.« In Omas neuer Küche steht jetzt ein neuer kleiner Backofen in Arbeits- und Sichthöhe zwischen Unter- und Oberschrank. Leitung und Sicherung für die entsprechende Stromzuführung hatte ihr Enkel schon überprüfen lassen, als eine Steckdosenleiste montiert wurde.

Die Auswahl an Geräten zum Backen, Grillen, Braten oder Wärmen ist groß. Vor der Anschaffung sollte man sich genau überlegen, was man damit machen will. Hat sich der Speiseplan aus gesundheitlichen Gründen geändert? Koche ich heute anders als früher? Werde ich das Gerät wirklich benutzen? Welche Funktionen soll es haben? Wo ist der richtige Platz dafür, damit ich es auch bequem bedienen kann? Welche Größe darf es haben?

»Ich hätte mir an deiner Stelle ein Mikrowellengerät gekauft«, sagt Ella nach Besichtigung der Küche, »in dem man auch backen und braten kann.«

»Erstens ist eine Kombination von Mikrowelle und Backofen wesentlich teurer, und zweitens braucht es seine Zeit, bis man sich daran gewöhnt hat«, entgegnet Oma.

Will man ein Mikrowellengerät kaufen, mit dem man auch backen und grillen kann, ist es das Beste, erst an einer Kochvorführung oder auch einem Kochkurs für Mikrowelle teilzunehmen und sich dann nach einem Gerät umzusehen. Will man lediglich Gerichte warm machen, genügt ein einfaches Gerät mit einer verständlichen Gebrauchsanleitung und Beratung in einem guten Fachgeschäft. Das Aufwärmen fertiger Gerichte geht mit einem solchen Gerät rasch, das Essen schmeckt wie frisch zubereitet, und es spart Geschirr.

Wie bei jedem technischen Gerät ist auch hier auf gut bedienbare Schalter zu achten. Drehschalter sind oft ausgesprochen schlecht zu greifen. Besser sind wassergeschützte Tasten. Die Symbole, die anzeigen was man einstellt, müssen »einleuchtend« sein.

Hat man sich mit seinem Mikrowellengerät erst vertraut gemacht, ist es kinderleicht und sicher zu bedienen.

Frau Maier ist zeitweise geistig verwirrt. Sie weiß um ihren Zustand, wehrt sich aber gegen die Unterbringung in einem Heim, wo sie nur unter alten Leuten wäre. Sie will so lange wie möglich in ihrer Wohnung bleiben.

Frau Maier versorgt sich selbst. Sie kocht allerdings nicht mehr wie früher, sondern greift meistens auf Fertigprodukte zurück. Zu ihrer eigenen Sicherheit verzichtet sie auf den Gasherd. Offene Flammen wären in den Phasen der Verwirrtheit ebenso gefährlich wie eine heiße Elektroplatte. Statt dessen erlernt sie die Bedienung eines Mikrowellengerätes zum Erwärmen der Speisen und Getränke. Die Gefahr, daß sie damit zu Schaden käme, scheint ihr und den Betreuern, die ihr manchmal helfen, geringer.

Für diejenigen, die sich nicht selbst versorgen wollen oder können, bietet die Aktion »Essen auf Rädern« täglich ein fertiges Menü. Dieser Service wird an zahlreichen Orten von sozialen Diensten geleistet. Ein reichhaltiges Speisenangebot sorgt für gesunde Ernährung. Auch Tiefkühlkost – für die ganze Woche oder nur das Wochenende – wird angeboten. Gegen eine Leihgebühr kann ein kleiner Gefrierschrank zur Verfügung gestellt werden und zum Heißmachen der Menüs ein kleines elektrisches Gerät, das so einfach wie ein Eierkocher funktioniert.
Wer zeitweilig oder auf Dauer diese Hilfe in Anspruch nehmen möchte, sollte beim Sozialamt anfragen, welche Organisation am Ort diese Dienstleistung erbringt.

Doch zurück zu den Selbstversorgern und den verschiedenen Möglichkeiten im Bereich Küchenausstattung. Hier setzt sich die räumliche Trennung von Backofen und Kochmulde immer mehr durch. Im Single-Haushalt sind Mulden mit zwei Kochstellen meist ausreichend und ersetzen den großen Herd. Die neue Gerätegeneration für Gas und/oder Strom gibt es in vielfältiger Ausführung. Den Siegeszug trat vor etwa zehn Jahren das Glaskeramik-Kochfeld an.
Ist das nicht eine besondere Erleichterung für Menschen, die Probleme mit den Händen haben? Dazu die Einwände der Wohnberaterin: »Wenn man nicht in der Lage ist, einen Topf anzuheben, um etwa Wasser abzugießen, nützt auch ein glattes Kochfeld wenig, auf dem man ihn verschieben kann. Ein gravierender Minuspunkt ist der, daß ein älterer Mensch, der sich an die neue Technik nicht so schnell gewöhnt, sich vielleicht mit der Hand auf der glatten Platte abstützen möchte und ins heiße Feld rutschen könnte.«

Inzwischen haben erfinderische Ingenieure die Verletzungsgefahr erkannt. Es gibt jetzt Kochfelder mit Halogen- oder Infrarotstrahlern. Sie beschleunigen den Erhitzungsvorgang auch bei herkömmlichen Heizarten, beleuchten das Kochfeld und signalisieren: Vorsicht, hier ist es heiß! Als neueste Entwicklung auf dem Markt sind Induktionskochfelder, die selbst nicht heiß werden, sondern nur Topf und Inhalt auf Temperatur bringen.

Zum Thema Sicherheit meint die Wohnberaterin: »Die meisten Unfälle passieren im Haushalt. Als vorbeugend erachte ich bei schmalerem Budget, wenn man sich die teuren Induktionskochfelder nicht leisten kann, die Signalfunktion einer Kochmulde mit zwei Gasbrennern oder separaten Kochplatten. Vor allem kennt man sich damit aus, hat jahrelang auf diese Weise gekocht.«

Bei neuen Geräten ist die Schalterblende meist waagerecht vor der Kochmulde angebracht und nicht mehr senkrecht davor. Das hat den Vorteil, daß die Bedienungsknöpfe leichter greifbar und die Einstellungen besser ablesbar sind.

Wird ausgiebig gekocht, befreit ein Dunstabzug die Küche von Kochdunst, Fettschwaden und lästigen Gerüchen. In einer zum Wohnbereich hin offenen Küche oder in einem Appartement mit Kochnische ist er unerläßlich. Den Dunstabzug gibt es in zwei Varianten: Das Abluftgerät transportiert die verbrauchte Luft durch einen Abluftschacht oder Mauerdurchbruch nach draußen. Fettrückstände in der Filtermatte werden durch Waschen in heißem Wasser mit Spülmittel entfernt. Bei geschlossener Küchentür sorgt ein Lüftungsschlitz im unteren Teil der Tür durch Luftzufuhr für beste Wirkung. Im weniger effektiven Umluftgerät nimmt auch eine Filtermatte das Fett auf, und ein Aktivkohlefilter neutralisiert die Gerüche. Beides muß regelmäßig nach Anweisung ausgewechselt werden. Die günstigste Wirkung wird durch Frischluftzufuhr vom Fenster aus erzielt.

Eine leidige Hausarbeit ist immer wieder das Spülen. Herr Müller lädt gern Gäste ein. Doch einige schienen plötzlich zu denken, er nehme es mit der Sauberkeit nicht so genau. Seine Skatbrüder hatten die Gläser bedeutungsvoll gegen das Licht gehalten und ihm beim nächsten Treff eine dreiteilige Gläserbürste mit Saugfuß für die Spüle geschenkt. Auch seine Schwester hatte den Kaffeetisch nicht gleich gedeckt, sondern das Geschirr erst noch einmal ge-spült. Sie schneidet das Thema Spülmaschine an, stößt bei dem arthrosegeplagten Mann jedoch auf Protest:»Denkt du, ich werde mir den gewonnenen Raum für meine Beine wieder zustellen?« Beim nächsten Besuch bringt sie Prospekte mit. Geschirr-spülmaschinen für kleine Haushalte und wenige Gedecke gibt es nämlich als Auftischgeräte. Das Reinigungsergebnis ist einwand-frei.

Zur Vorratshaltung und Aufbewahrung leicht verderblicher Le-bensmittel gehört ein Kühl- und Gefrierschrank. Man muß ihn ge-zielt aussuchen, um Fehlkauf zu vermeiden. Wichtig ist, daß das Modell nicht zu klein gewählt wird, um genügend Vorräte im Haus haben zu können, wenn man nicht mehr so gut zu Fuß ist. Man lasse sich nicht von attraktiven Ausstellungen blenden oder von unnötigen technischen Finessen faszinieren. Kriterien sind beab-sichtigte Vorratshaltung, der Stellplatz und natürlich wieder die persönlichen Greifbereiche. Ein Sockel kann ihn in angemessene Höhe bringen, um auch an untere Fächer gut zu gelangen.
Omas tischhoher Kühlschrank ist zwar schon älter, aber noch funk-tionsfähig. Auch das Gefrierfach ist für ihren Bedarf groß genug und hält die niedrige Temperatur, die zur Lagerung von Tiefkühl-kost notwendig ist. Im Zuge ihrer Küchenrenovierung wurde er auf einen Sockel gestellt. Dadurch kann sie die unteren Fächer erreichen, ohne sich zu tief bücken zu müssen.

Waschen und Trocknen

Oft ist das Bad zu klein, um eine Waschmaschine unterzubringen. Bleibt meistens die Küche, wenn es keine Gemeinschaftswaschkü-che im Mietshaus gibt. Und auch da ist es eine Platzfrage, eine Waschmaschine und, wenn notwendig, auch noch einen Trockner aufzustellen.
Wo käme ich ohne Waschmaschine und Trockner hin, fragt sich Frau Schmitt, die einen Pflegefall in der Familie hat und den Kun-dendienst dringend um Reparatur bittet. Der Monteur tauscht ein defektes Teil aus, erneuert den Zulaufschlauch und bringt einen

Wasserstop an. »Gegen Überschwemmung«, sagt er, »damit Sie nicht eines Tages durch die Küche waten müssen.« – »Das fehlte noch«, sagt sie und stützt mit der Hand ihren schmerzenden Rücken. Bettlägerige zu pflegen, kann Schwerstarbeit sein.

Sie belädt die Waschmaschine und ist froh, daß sie sich dabei nicht zu bücken braucht, denn die Waschmaschine ist ein sogenannter Toplader: die Wäsche wird von oben eingefüllt und entnommen, nicht von vorn. Außerdem hat er den Vorzug, verhältnismäßig schmal zu sein. Der Wäschetrockner hat allerdings die Öffnung vorn. Kniend füllt Frau Schmitt später die Wäsche ein. Sie überlegt:

Ein Trockner läßt sich auf eine Waschmaschine stellen und so zur »Waschsäule« kombinieren, das ist platzsparend und die Öffnung des Trockners in angenehmer Bedienungshöhe. Bei einem »Toplader« geht das natürlich nicht. Eine andere Waschmaschine unter dem Trockner müßte von vorn gefüllt werden, also auch wieder in gebückter Haltung.

Es gibt Waschmaschinen, die gleichzeitig Trockner sind, doch beladefreundlicher sind sie auch nicht. Schließlich kommt sie auf eine schlichte, aber wirkungsvolle Lösung ihres Problems: Unter dem Trockner wird ein Sockel angebracht.

Januar 1990, eine Weltneuheit auf dem Gebiet der Wäschepflege wird vorgestellt. Ein Hersteller von Haushaltsgeräten und ein Waschmittelproduzent haben gemeinsam ein elektronisch gesteuertes System entwickelt, das die Hälfte an Chemikalien (Waschmitteln), Wasser und Strom bisheriger Waschmaschinen verbrauchen soll.

»Toll, was alles machbar ist«, sagt Herr Müller und betrachtet das Pressefoto. Doch sein geschulter Blick entdeckt sofort ein Manko: »Hier fehlt ein Sockel, um sich nicht bücken zu müssen, wenn man die Wäsche hineintut und herausholt. Bei uns im Keller stehen nämlich Waschmaschine und Trockner nebeneinander auf einem Sockel. Das habe ich beim Hausmeister angeregt. Nun profitiert die ganze Hausgemeinschaft davon. Für jeden ist das bequemer, nicht nur für mich.«

Waschmaschinenhersteller haben das Thema Behinderte aufgegriffen und bieten für Sehschwache eine abtastbare Folie an, die über den Schaltern selbstklebend befestigt wird. Die Information zur Bedienung des Gerätes läuft über die Fingerspitzen.

Noch ein allgemeiner Hinweis für den Gebrauch von Waschmaschinen und Geschirrspülern: Während das Gerät in Betrieb ist, wird empfohlen, die Wohnung nicht zu verlassen. Ist das Absperrventil nicht geschlossen oder der Schlauch brüchig, berufen sich Gebäude- und Hausratversicherungen häufig auf Fahrlässigkeit der Kunden und kommen nicht für entstandene Schäden auf. Eine gewisse Sicherheit bietet ein zuvor erwähnter Wasserstop zwischen Wasserhahn und Anschlußschlauch.

Bodenbelag – rutschhemmend und fußwarm

»Mein Fleckerlteppich bleibt auf dem kalten Steinfußboden liegen!« erklärt Oma kategorisch, als ihr Enkel ihn zusammenrollt. «Und wenn du daran hängenbleibst oder er unter dir wegrutscht, fällst du hin«, sagt Hänschen und klemmt ihn unter den Arm. »Wenn Wassertropfen auf den Steinfliesen sind, ist das genauso gefährlich«, erwidert sie.

Nach einigem Hin und Her beschließen beide, nach einer fußwarmen und rutschhemmenden Auslegeware zu suchen. Textile Auslegware kommt für Küche und Bad nicht in Frage. Als Übergangslösung nehmen sie ein dünnes Kunststoffgeflecht, das sich wie eine Gummimatte anfaßt. Das Material gibt es als Meterware in verschiedenen Breiten und wird meist als Balkonbelag verkauft.

Es gibt spezielle PVC-Bodenbeläge mit dem Prüfzeugnis ›stark rutschhemmend‹. (Im Kapitel »Bad und Toilette« wurde im Teil »Dusche« auf dieses Material und auf die rutschhemmende Bedeutung vieler Fugen bei kleinen Fliesen näher eingegangen.) Auch andere Bodenbeläge können ein Gütesiegel haben, das sie als »rutschhemmend« ausweist.

Die Pflegehinweise des Herstellers sind unbedingt zu beachten. Nicht jedes Reinigungsmittel ist für jeden Bodenbelag geeignet, selbst wenn es auf der Packung steht. Zu viel davon im Putzwasser und zu häufige Anwendung machen aus dem rutschhemmenden Belag eine Schlitterbahn.

Wenn Wasser- oder Fettspritzer auf einen glatten Boden kommen, bedeutet das stets Rutschgefahr. Das ist auch bei schmutzabweisender Versiegelung von Holz oder Kork der Fall. Leider spukt in unseren Köpfen immer noch der hochglänzende Boden als Beweis für Sauberkeit herum. Nichts ist verkehrter, als seidenmattes Linoleum zu wienern und PVC mit Selbstglänzer zu wischen, bis sich die Möbel darin spiegeln.

Ein matter Bodenbelag darf nicht porös sein, sonst nimmt er Schmutz und Feuchtigkeit auf. Zu stumpf sollte der Bodenbelag aber auch nicht sein, sonst hemmt er beim Gehen, was wiederum Unfallgefahr bedeutet, und er bremst zu stark das Bewegen von Gummirädern an Gehhilfen oder am Rollstuhl. Was ist also empfehlenswert?

Die Wohnberaterin: »Beste Erfahrungen wurden mit Synthesekautschuk als Bodenbelag in öffentlichen Gebäuden gemacht, beispielsweise in Flughäfen. Die Kriterien heißen strapazierfähig, trittelastisch, trittschalldämpfend, rutschhemmend, fußwarm. Dieser Bodenbelag hat sogenannte Pastillen, runde Noppen. Mit einer schwächer ausgeprägten Struktur, also flacheren Noppen, ist das Material der ideale Belag für den Küchenboden. Vorausgesetzt, es wird nicht durch Zusätze im Putzwasser ›glatt‹ gemacht.«

Bei einigen Formen von Gehbehinderung ist ein besonderer Bodenbelag erforderlich. Welcher individuell am besten geeignet ist, sollte mit Fachleuten der Therapie und der Wohnungsausstattung geklärt und abgestimmt werden.

Vor dem Kauf eines Bodenbelags sollte man sich das Material im Geschäft nicht nur genau ansehen und auf die Gütesiegel achten, sondern unbedingt darauf Gehversuche machen.

Kapitel 3

Wohnzimmer

Ältere Menschen verbringen wesentlich mehr Zeit in den eigenen vier Wänden als jüngere Leute. Deshalb muß jeder Raum praktisch und bequem eingerichtet sein.

Im Wohnzimmer fängt die Gemütlichkeit an. Möblierung ist Geschmackssache, vordergründig betrachtet. Ob elegant, rustikal, modern oder gemixt von Alt und Neu – Hauptsache ist, die Dimensionen stimmen: im Greifbereich, in Sitz- und Tischhöhe, im Raum zwischen den Möbeln. Und die sollten stabil gebaut sein, abgerundete Ecken und Kanten haben.

Wer nur über ein winziges Ein-Zimmer-Appartement verfügt, hat seine Last allein damit, die Bettcouch täglich wohn- und schlafgerecht herzurichten. Ein größeres und gut geschnittenes Appartement dagegen, mit der Möglichkeit Schlaf- und Wohnbereich durch eine Faltwand oder geschickte Möblierung zu trennen, kann bequemer sein als eine Zwei-Zimmer-Wohnung mit ungünstigem Grundriß, in der die Zimmer schlauchartig eng und deshalb schlecht zu möblieren sind.

Wenn man das Glück eines geräumigen Wohnzimmers hat, darf man nicht den Fehler begehen, es mit Möbeln vollzustellen. Wertvoll ist der Bewegungsraum. Ein Slalom zwischen Tischchen und Schränken ist im fortgeschrittenen Alter sträflicher Leichtsinn. So zog sich ein Senior, fit und aktiv im Sportverein, eine Handverletzung zu Hause zu. Schuld daran war der Hindernislauf um ein paar Möbel zu viel und der Sturz über eine Verlängerungsschnur. Gewiß, das kann auch einem jüngeren Menschen passieren, aber muß man es herausfordern? Außerdem kann ein Sturz bei einem älteren Menschen schwerwiegendere Folgen haben.

Auch Teppichbrücken, mögen sie noch so schön sein, sind tückische Fallen. »Vorschlag zur Güte: Reinigen lassen und als Schmuck an die Wand hängen«, sagt die Wohnberaterin. Auf Gewohnheiten fixiert, sieht ein älterer Mensch das Umstellen oder Ausrangieren von Möbelstücken nicht gern. Nach einer Zeit der

Umgewöhnung registriert er jedoch die spürbar bessere Veränderung.

Umzug in kleinere Wohnverhältnisse zwingt zu angepaßter Möblierung. Ein Wohnungswechsel, bedingt durch Änderung der Familiengröße und/oder der finanziellen Situation, wäre unnötig, gäbe es vorausschauende Architekten mit flexiblen Planungsideen.

Aus dem Brief einer älteren Dame, die sich zum Thema ›Altengerechte Wohnungen‹ Gedanken gemacht hat: »Kann bei der Bauplanung nicht überlegt werden, ob variable Wohnungsgrößen vorzusehen sind, um später ein Zimmer entweder der einen oder der anderen benachbarten Wohnung zuzuschlagen, ohne großen Umbau?« Ein weiterer Aspekt zur Wohnungsanpassung wäre der variable Grundriß durch verstellbare oder bewegliche Wände, wie sie sich in Büroetagen als patent erwiesen haben.

Zurück zur Möblierung. Eine beachtliche Anzahl älterer Menschen schafft sich durch neue Möblierung ein angenehmes Wohnmilieu. Der Markt bietet vieles. Fabrikanten von Polstermöbeln und Betten sind dem Verlangen dieser Altersgruppe nach behaglichem Sitzen und Liegen bereits nachgekommen. Bei Schränken muß man noch etwas suchen und Greifbereiche wie Griffe ausprobieren. Die Stabilität von Kleinmöbeln läßt noch Wünsche offen.

Alles greifbar im Schrank

Was im Kapitel »Küche« für die Einrichtung empfohlen wurde, sich am »Greifbereich« zu orientieren, gilt auch für die Schränke im Wohnzimmer.

»In welchen Höhen und Tiefen ich noch greifen kann, muß ich selber herausfinden«, sagt Frau Lorenz, »dafür kann ich mir keine Fachfrau und keinen Fachmann bestellen. Bis wohin fühle ich mich im Gleichgewicht? Ab wann fange ich an, mich unsicher zu fühlen? Ab wann wird es schmerzhaft in der Schulter, im Rücken, um die Hüften oder im Knie?«

Mit ihrer Enkelin räumt sie Gläser und Geschirr, was sie öfter braucht, in bequem erreichbare Schrankfächer. »Was du nur be-

nutzt, wenn Besuch kommt, stellen wir weiter oben oder unten in
den Schrank«, meint Sabine. »Dann bittest du darum, daß man
dir dies oder jenes aus dem Fach holt. Das macht sicher jeder
gern.«
Kommodenschubladen werden kontrolliert, ob sie leichtgängig
sind und nicht herausfallen können. Bei manchen Möbelstücken
lassen sich nachträglich Teleskopschienen einbauen. Feststeller,
damit die Schubladen nicht zu weit herausgezogen werden, sollten obligatorisch sein. Die unterste Schublade liegt nicht im
Greifbereich und wird vorläufiges Depot für Kleinigkeiten, die
Sabine demnächst mit zum Flohmarkt nimmt. Unhandliche
Griffe und Knöpfe werden durch griffigere Beschläge, die Frau
Lorenz vorher im Geschäft ausprobiert hat, ausgetauscht. (Aus-
führlicheres zum Thema Möbelgriffe im Kapitel »Hilfsmittel«.)
Die neuen Griffe sind breit genug für die Hand und geben genug
Spielraum für die Finger.
»Hab ich dir nicht gleich gesagt, jetzt sind Löcher im Schrank, wo
vorher die alten Griffe saßen.« Frau Lorenz ist unglücklich. Sa-
bine hat vorgesorgt und Holzkitt in der Farbe des Schrankes mit-
gebracht und macht den Schaden wieder gut.

»Ich habe den Möbelmarkt auf variable Schrankprogramme abge-
klopft«, sagt die Wohnberaterin, »auf Schränke und Regale, die
man an Seitenteilen in individueller Höhe zusammenfügen oder an
der Wand aufhängen kann. Dadurch lassen sie sich in den Greifbe-
reichen anordnen, wo man sie braucht. Die Auswahl an Endlos-
programmen ist groß. Einige jedoch schließen aus einem einzigen
Grund die Benutzung durch Rollstuhlfahrer aus: Der Sockel zwischen den Seitenteilen oder unter einem Schrank ist zu hoch. Er
läßt sich mit der Fußstütze eines Rollstuhls nicht überwinden. Das
könnten die Hersteller doch einmal ausprobieren, daß ein Sockel
für diese Käufergruppe nicht höher als sieben Zentimeter sein
darf.«
Zur Veranschaulichung das Beispiel einer jungen Rollstuhlfahrerin, die glaubte, ihr ideales Möbelprogramm gefunden zu haben –
bis auf den bewußten Sockel, der leider zwei Zentimeter zu hoch
war. Wenn sie nämlich etwas in den Schrank hineintun oder herausholen will, muß sie mit den Fußstützen ein Stückchen »hinein-

fahren« können. Deswegen muß auch der Boden des ersten Fachs darüber, falls er fest eingebaut ist, entsprechend hoch angeordnet sein, um nicht von oben diesen notwendigen Aktionsradius zu blockieren. Bei verstellbaren Einlegeböden ist das meist kein Problem.

Beim Kauf neuer Möbel sollte man auf abgerundete Ecken und Kanten achten. Wer hat sich noch nicht an Möbeln gestoßen oder ist mit der Kleidung hängengeblieben. Ein blauer Fleck war das geringste, aber es kann schlimmer ausgehen. Vorhandene Möbel lassen sich möglicherweise mit abgerundeten Leisten und Eckkappen entschärfen und handfreundlich machen.

Rund um den Tisch

Eine Polstergruppe eignet sich selten als Eßplatz. Man balanciert vorn auf dem Sessel oder der Couch und zwängt den Magen ein, weil der Couchtisch zu niedrig ist. Ein Eßtisch für ein bis zwei Personen läßt sich auch in einem kleinen Wohnraum gut plazieren, und sei es durch Möbelrücken.

Auf eine Eckbank sollte man dabei verzichten. Meist muß der Tisch vor- und zurückgeschoben werden, um Platz nehmen und wieder aufstehen zu können.

Ein Tisch auf vier Beinen verursacht oft Stühlerücken. Jemand, der behindert ist, braucht vielleicht Hilfe, um Platz nehmen zu können.

Sehr viel Beinfreiheit gibt ein Tisch mit Mittelgestell oder – bei einem längeren Tisch – mit zwei Säulen. Er muß stabil verarbeitet und gut austariert sein, damit er nicht kippt, wenn man sich darauf abstützt.

Ruht die Tischplatte auf Wangen (Seitenteilen), müssen auch sie Platz genug für die Beine bieten. Hat sie zur Versteifung einen Rahmen, dann möglichst weit von der Vorderkante der Tischplatte zurückgesetzt, sonst stört er beim Sitzen.

Auch Stühle sollte man ausprobieren. Ist die Sitzfläche bequem? Sitzt man nicht zu hoch oder zu niedrig? Die Füße sollen auf dem Boden ruhen, während der Rücken gut von der Stuhllehne gestützt wird. Die Vorderkante des Stuhles soll von der Kniekehle etwas Abstand haben.

Ein Kissen im Rücken oder auf dem Sitz macht auf Dauer einen Stuhl nicht bequemer. Kissen verrutschen und knautschen sich zusammen. Vorteilhafter ist eine Sitzauflage aus formstabilem Schaum oder eine Sitzschale aus leichtem, geformtem Holz, die auch den Rücken stützt (im Kapitel »Hilfsmittel« ausführlich beschrieben). Beides hebt die Sitzfläche etwas an, was von vielen älteren Menschen beim Hinsetzen und besonders beim Aufstehen als angenehm empfunden wird. Ein Fußbänkchen entlastet die Beine, sollte der Stuhl beim Sitzen eine Idee zu hoch sein.

Herr Müller sitzt in einem Spezialstuhl, der fast wie ein »Bürosessel« aussieht. Es ist ein Haus- und Therapiestuhl, der vom Arzt verordnet werden kann. Das Grundmodell ist variabel auszustatten. Herr Müller hat einen Arthrodese-Sitz mit automatischer Höheneinstellung, der vorn geteilt ist. Jedes Teil läßt sich durch Knopfdruck absenken, damit er sein steifes Bein nicht immer hochlegen muß. Die Armlehnen sind höhenverstellbar.

Wenn ein Stuhl keine Armlehnen hat, kann das Probleme schaffen, weil man beim Hinsetzen und Aufstehen keine Möglichkeit hat, sich abzustützen. Andererseits können Armlehnen beim Arbeiten oder beim Heranrücken an einen Tisch stören. Ideal ist, wenn sie zu verstellen, wegzuklappen oder ganz zu entfernen sind.

Herr Müller bewegt sich an Tagen, an denen er kaum laufen kann, auf dem Stuhl durch die Wohnung. Der Stuhl hat zu den Rollen – was sehr wichtig ist – eine gut erreichbare Bremse. Problematisch, wenn nicht gar gefährlich, so meint die Wohnberaterin, sei ein Stuhl mit Katapultsitz, der beim Aufstehen helfen soll. Beim Kauf werde der Stuhl auf das individuelle Körpergewicht eingestellt. Verändere es sich, und aus einem »gewichtigen« Menschen werde ein »Leichtgewicht«, bestehe die Gefahr, daß die Sitzfläche zu heftig angehoben und nach vorn geneigt und man quasi herauskatapultiert wird.

Ein Eßplatz in der Küche hat seine Vorteile, wenn man nicht mehr so gut zu Fuß ist, denn er erspart den Transport der Speisen ins

Wohnzimmer. Und Transportieren heißt oftmals, Geschirr auf einem Tablett ins Zimmer balancieren. Hilfreich ist ein stabiles Tablett und als Auflage eine Matte, die rutschhemmend ist (im Kapitel »Hilfsmittel« beschrieben). Damit ist das Geschirr zuverlässiger zu tragen.

Ist es nicht am einfachsten, einen Servierwagen zu benutzen? »Ein Servierwagen ist eine gefahrvolle Angelegenheit«, sagt die Wohnberaterin. »Wenn jemand sich darauf abstützt, um Halt zu suchen, rollt er weg. Es gibt zwar Rollen, die bei übermäßiger Belastung sofort selbsttätig bremsen, aber sie sind nicht im Handel erhältlich.«

Ein Servierwagen mit nur zwei Rollen ist insofern ungünstig, als man ihn beim Bewegen leicht anheben muß.

Äußerst riskant sind auch Beistelltische mit Rollen oder solche, die kippen können, wenn sich jemand darauf abstützt. Alle diese Tische und Wagen sind als Gehhilfen fehl am Platz.

Frau Kunze hatte (unerlaubt) einen Einkaufswagen aus dem Supermarkt mit heim genommen. Sie schob damit durch die Wohnung, hielt sich daran fest, eckte überall an. Er war ihr Transportmittel und fragwürdige Stütze zugleich. Sie wußte sich nicht anders zu helfen. Ein Sozialarbeiter, für ihr Wohnviertel zuständig, besuchte sie. Er leitete sofort Hilfsmaßnahmen ein. Frau Kunze erhielt ein Gehgerät mit Rollen und integrierter Bremse.

Entspannt im Sessel

Die Großmutter im Schaukelstuhl ist ein hübsches Titelbild für ein altes Märchenbuch. Als Sitzmöbel für einen älteren Menschen ist er denkbar ungeeignet.

Die Wohnberaterin: »Die Armlehnen eines Sessels sind eine Hilfe beim Hinsetzen und Aufstehen. Sie müssen gut geformt sein, in der Höhe stimmen und weit genug nach vorn reichen. Selbst wenn das auch bei einem Schaukelstuhl zutrifft, geben die Lehnen keinen Halt, denn sie bleiben ja nicht fest in Position, sondern bewegen sich beim Draufstützen nach unten. Ein zweiter Punkt betrifft die Körperhaltung im Schaukelstuhl. Die eingenommene Sitzhaltung wird nicht stabilisiert, im Gegenteil, auch ohne bewußt zu schaukeln, verändert sie sich und müßte ständig korrigiert werden.«

Beim Hinsetzen und Aufstehen hat Frau Pfitzner inzwischen mit ihrem Sessel Probleme. Auch beim Sitzen findet sie auf Dauer keine Entspannung. Jahrelang war er ihr Lieblingsplatz, niedrig und weich, jeder Bewegung ein bißchen nachgebend. Das sind jetzt seine Mängel, er versagt die notwendige Unterstützung.

Frau Pfitzner bespricht das Problem mit ein paar Freundinnen. Sie verabreden einen Besuch bei verschiedenen Möbelgeschäften, um durch ausgiebiges Probesitzen einen geeigneten Sessel zu finden. Bestimmte Vorstellungen waren schon vorhanden:

Feste Polsterung, um nicht darin zu versinken; Sitzfläche und Rückenlehne leicht nach hinten geneigt, um den Körper zu entspannen; Sitzfläche bis zur Rückenlehne nicht zu tief, so daß noch etwas Luft zwischen Vorderkante Sitzfläche und Kniekehle bleibt; Sitzfläche nicht zu hoch, damit die Füße bequem auf dem Boden stehen; Sitzfläche aber auch nicht zu niedrig, sonst ist besonders das Aufstehen erschwert; Armlehnen breit und weit genug nach vorn reichend zum Abstützen.

Als Bezugsstoff denkt Frau Pfitzner an Wolle, »vielleicht eine feine Noppe, sand-beige meliert. Aber er darf nicht kratzen«, fügt sie hinzu.

»Sieh mal«, sagt eine Freundin und ruft Frau Pfitzner herbei, »bei diesem Fernsehsessel werden deine Beine hochgehoben, und du kannst ein Nickerchen machen.« Sie bedient die Mechanik, die das Fußteil unter dem Sitz hervorholt und waagerecht stellt.

»Das ist nichts für mich«, sagt Frau Pfitzner, »das sehe ich dem Sessel schon von weitem an. Wenn das Fußteil weggeklappt ist, befindet es sich unter der Vorderkante des Sessels und ist beim Aufstehen im Weg. Wenn ich aufstehen will, schiebe ich doch einen Fuß oder beide Füße etwas zurück, weil man durch die Verlagerung mehr Kraft in den Beinen hat. Bei diesem Modell geht das nicht.«

Beim nächsten Probesitzen – in einem anderen Geschäft – findet sie einen Sessel, der alle Merkmale eines bequemen Sitzmöbels trägt und – er schaukelt sogar, aber nach einem anderen System:

Sitz- und Rückenfläche in einem stabilen Holzrahmen gleiten beim Anlehnen in unterschiedliche Sitz- oder Ruhelagen, die durch beidseitig gut erreichbare Hebel fest einzustellen sind. Der Sessel hat stabile Beine, keine Kufen! Die Armlehnen sind handfreundlich geformt. Bei Bestellung wird die individuelle Sitzhöhe und Sitztiefe zur »Maßanfertigung« ausgemessen. Je nach Wunsch reicht die Ausführung bis hin zum Vollpolster- und Ohrensessel.

Schonzeit für die Beine bringt die ausgeklügelte Fußbank, deren Auflagefläche in der Neigung beweglich ist, das heißt der Beinbewegung und dem Fußdruck folgt. Außerdem gibt eine Fußstütze daran den Fußsohlen Halt.

Probieren geht über Studieren – das sagten sich auch die Stadtväter von St. Gallen (Schweiz). Auf sechs verschiedenen Parkbänken saßen die Bürgerinnen und Bürger Probe. Die »Abstimmung mit dem Po« ergab, welches Modell in Serie ging.

Geliebte, alte Sessel haben oft nur noch Erinnerungswert, doch das wollen ältere Menschen selten einsehen. So manche körperlichen Beschwerden werden vielleicht dem Alter zugeschrieben, nicht aber einem durchgesessenen Sitzmöbel angelastet. Dabei bringen zusätzliche Decken und Kissen nur die Illusion von Sitzkomfort, geben aber keinen Halt. Falsches Sitzen ist oft Ursache von Haltungsschäden und nachteilig für Blutkreislauf, Verdauung und Atmung.

»Du hängst ganz schief in deinem Sessel«, sagte Hänschen. Seine Oma behauptete, sie sitze bequem, stöhnte aber beim Aufstehen. Hänschen erkundigte sich in einer Polsterwerkstatt nach den Kosten für die Aufarbeitung des Sessels, und ob es sich überhaupt rentiere. Billig wurde es nicht, aber die Ausgabe hat sich gelohnt. Der Polsterer kam vorbei und bat Oma, sich in den Sessel zu setzen, um ihm eine körpergerechte Form zu geben. Er glich die Sitzhöhe aus und die Sitzfläche bis zur Rückenlehne, die er auch in der Schräge und mit unterstützender Polsterung Omas Sitzbedürfnis anpaßte.

Die Lehre vom Sitzen ist eine Wissenschaft. Sitzen kann erholsam oder eine Strapaze für den Körper sein. »Man sollte seine Sitzgelegenheiten daraufhin genau überprüfen«, sagt die Wohnberaterin. »Manchmal hilft schon eine gute Polsterauflage, um den Sitzkomfort zu verbessern. Auf der Sitzfläche erhöht sie den Sessel, vor der Rückenlehne die Sitztiefe. Eine Sitzschale aus leichtem Holz kann die Körperhaltung unterstützen. Ist wegen zu großer Sitztiefe des Sessels zusätzlich ein Ausgleichspolster nötig, muß es sich zwischen Sitzschale und Rückenlehne befinden.« (Näheres dazu im Kapitel »Hilfsmittel«.)

Herr Müller war schlecht auf seine Schwester zu sprechen. Sie überredete ihn dazu, seine klobige Polstergarnitur, die er gar nicht benutzt und die zu viel Platz wegnimmt, wegzugeben. »Sie hat einmal viel Geld gekostet«, sagte Herr Müller, »und Alma hat so gern darin gesessen.« Das sei falsch verstandene Pietät, bekam er zu hören, er müsse jetzt an sich denken. Die Entscheidung kostete ihn Überwindung, aber schließlich lenkte er ein. Die Kleinanzeige hatte nichts gefruchtet. Ein gemeinnütziger Verein holte die Polstergarnitur schließlich kostenlos ab.
Ein neuer Sessel mit Fußbank wird statt dessen angeschafft. Die neue Schlafcouch hat körpergerechte Rückenpolster, und die Liegefläche kann leicht und weit genug zum Verstauen des Bettzeugs aufgeklappt werden.
»Mein Gästebett«, sagt Herr Müller. »Übernachtest du wieder einmal hier, wenn es mir schlechtgeht, hast du keinen Grund zur Klage.«
Voluminöse Polstermöbel müssen im übrigen nicht sein. Besonders in Kleinwohnungen versperren sie den notwendigen Bewegungsraum. Stabile, gepolsterte Stühle um den Eßtisch empfinden Herrn Müllers Gäste als ebenso bequem.

Teppichboden

Teppichboden ist fußwarm, schalldämmend und pflegeleicht. Er ist schnell und sauber zu verlegen, oft ohne den alten Fußbodenbelag, wie Linoleum, entfernen zu müssen.
Teppichsiegel zeigen in Form von Symbolen Eigenschaften und Eignung des Materials. Ein Symbol wird oft mißverstanden, näm-

lich das Zeichen mit einem Stuhl, der Rollen hat. Gemeint sind damit Stühle mit den kleinen, harten Rollen (meistens Bürostühle), keine Rollstühle mit Rädern. Nur wenig Auslegware trägt das Zeichen »Rollstuhlfahrer«.

Auf Velours mit fester Unterverarbeitung kann man einen »Rollen«-Stuhl gut bewegen. Ist der Teppichrücken jedoch zu elastisch und weich, wird er von den belasteten Rollen mit der Zeit zerdrückt.

Auf der Oberfläche eines Veloursteppichs hinterlassen die Reifen eines Rollstuhls Spuren. Die richtige Kürze und Dichte des Flors zu finden, ist nicht so einfach. Man sollte sich im Geschäft die Ware ausbreiten lassen und darauf probefahren, um zu sehen, ob die Fasern flach bleiben oder sich wieder stellen.

Ideal wäre Nadelfilz, den es in guter Qualität und in vielen Farbtönen gibt. Nachteil: Wird Wasser verschüttet, bleiben Fleckenkränze, was auch einen teuren Nadelfilz nicht mehr gut aussehen läßt. Billiger Nadelfilz ist außerdem schlecht zu reinigen.

Antistatische Ausrüstung, für die Benutzung mit Rollstuhl ein Muß, sollte bei jedem Teppichboden obligatorisch sein, ist es aber nicht. Deshalb muß man auf das entsprechende Symbol achten. Bei Berührung mit Metall, etwa einem Türgriff, hat man sonst das Gefühl, einen elektrischen Schlag zu bekommen. Fleckgeschützte Ware, auch dafür gibt es ein Symbol, erleichtert die Reinigung.

Strapazierfähig ist Auslegware mit robuster Rippenstruktur oder Feinschlinge. Sie ist besonders geeignet bei Gehbehinderung. Je dichter und fester das Material im Aufbau ist, um so besser, also keine Ware mit weicher Unterverarbeitung wählen, auch wenn sie zunächst sehr komfortabel wirkt.

Vor dem Kauf sollte man Gehversuche auf dem Material machen. Gegebenenfalls ist mit Fachleuten der Therapie zu klären, wie der Bodenbelag bei der Gehbehinderung beschaffen sein sollte. (Im Kapitel »Küche« wurde im Teil »Bodenbelag – fußwarm und rutschhemmend« auf andere Auslegware hingewiesen.)

Bei fußkalten Böden ist es ratsam, unter dem Teppichboden Kork auszulegen.

Bei Benutzung eines Rollstuhls oder Stuhls mit Rollen muß der Teppichboden eine rollstuhlfeste Verklebung erhalten.

Heizen und Lüften

Angenehmes Raumklima fördert das Wohlbefhinden. Es wird durch ein ausgewogenes Verhältnis zwischen Temperatur, Luftfeuchtigkeit und Sauerstoff bestimmt. Vor allem ältere Menschen haben es gern warm.

Mit Kohleöfen beheizte Zimmer sind keine Seltenheit. Meist werden sie von älteren Menschen bewohnt, die schon lange Zeit darin leben und sich keine Wohnung mit mehr Komfort leisten können. Kohlen hinauf- und Ascheneimer hinuntertragen, kann eines Tages zum Problem werden. Freundliche Helfer sind nicht immer zu erwarten, die Folge davon: Es wird kalt.

Aus Angst vor Zugluft oder Wärmeverlust lüften viele ältere Menschen zu wenig. Manchmal wird es auch einfach vergessen. Das wirkt sich negativ aus: Der Feuchtigkeitsgehalt der Raumluft kann unangemessen steigen oder auch sinken, und es ist nicht mehr genügend Sauerstoff vorhanden.

Der Mensch braucht und verbraucht Luft. Die Raumluft reichert sich mit Schad- und Geruchsstoffen an. Deshalb ist zum Austausch Frischluft aus hygienischen Gründen notwendig.

Zunächst die Heizung:
Grundsätzlich läßt die Wohnberaterin einen Kohleofen nicht durch einen Ölofen ersetzen. Sie sagt: »Ein Ölofen verkleinert das Problem des Heizens vielleicht, aber beseitigt es nicht. Um für den Brennstoff zu sorgen und ihn einzufüllen, kann man auch auf Hilfsbereitschaft angewiesen sein. Deshalb gibt es nur zwei Alternativen – Heizen vorzugsweise mit Gas, soweit Gasleitung schon in der Wohnung vorhanden, oder mit Strom.«

Änderung von Kohle auf Gas:
Im Wohnblock einer Baugenossenschaft ist in absehbarer Zeit nicht an Modernisierung gedacht. Deshalb muß in der Wohnung eines älteren Ehepaares sofort etwas geschehen. Beide sind seit einiger Zeit ans Haus gebunden, das sie nur noch für kleinere Besorgungen in der Nähe verläßt, während er – in Decken gehüllt – durch das Fenster das Leben auf der Straße beobachtet. Ein alter Kohleofen im Zimmer machte schon lange Zeit Probleme. In der

Küche steht immerhin ein Gasherd. Die preiswerteste Lösung ist hier also eine Gasheizung (Einzelheizung) für das Wohnzimmer. Es muß nur ein Gasrohr vom Zähler durch den Flur verlegt werden, um die neue Heizung zu installieren. Sind Gasheizungen nachträglich geplant, dann muß der Schornsteinfeger prüfen, ob der vorhandene Abzugsschacht dafür geeignet ist.

Änderung von Kohle auf Strom:
Frau Sander wohnt in einem über hundert Jahre alten Mietshaus. Nachbarhäuser wurden saniert, die Wohnungen teuer vermietet oder als Eigentumswohnungen verkauft. In ihrem Haus blieb alles beim alten. Die Miete ist zwar niedrig, aber die Wohnqualität entsprechend. Immer wieder hatten sie und ihr Mann auf eigene Kosten Verbesserungen vorgenommen und etliches selbst gemacht.
Nun ist sie allein. Als sie krank wird, muß eine Gemeindeschwester die Patientin versorgen. Im Schlafzimmer ist es sehr kalt. Das Bett ins Wohnzimmer zu stellen, scheitert nicht nur an Platzmangel. Es ist auch niemand da, der den Kohleofen hier in Gang halten könnte. Außerdem zählt er nicht zu den modernsten mit leichter Bedienung.
Um Wärme in die Stube zu bringen, leiht sich Frau Sander als Übergangslösung von der Zentralstation für ambulante Pflegedienste einen elektrischen Heizradiator.
Frau Sander erholt sich wieder und möchte nun wegen des Ofens etwas unternehmen, denn das Heizen ist umständlich und fällt ihr schwer. Sie erkundigt sich beim Vermieter, ob in absehbarer Zeit an eine Modernisierung des Hauses gedacht ist und erfährt, es sei nicht beabsichtigt. In ihrem Mietvertrag steht zudem geschrieben, daß der Vermieter nicht verpflichtet ist, für einen Ofen zu sorgen. So muß sie an ihr Sparbuch gehen. Sie hört sich um, welche Heizart für ihre Wohnung in Frage kommen könnte, die von alleine funktioniert.
Gasleitungen sind nicht im Haus. In der Küche steht ein Elektroherd, somit ist die nötige Stromstärke für eine Elektroheizung schon in der Wohnung. Frau Sander läßt sich von einer Elektrofirma beraten und einen Kostenvoranschlag machen. Außer auf diese Ausgabe ist Frau Sander auch auf höhere Abschlagszahlun-

gen der Stromabrechnung gefaßt. Aber nun bekommt sie das Wohnzimmer problemlos warm. Bei geöffneten Zimmertüren ist das Schlafzimmer wenigstens zeitweise »überschlagen«.

Auf welche Weise man seine Wohnqualität auch verbessern will, stets ist zunächst fachmännischer Rat einzuholen. Die Beratungsstellen der Versorgungsbetriebe, also Gas- oder Elektrizitätswerk, geben Auskunft über Hausanschlüsse und Geräte. (Um nötige Genehmigungen kümmert sich der Installateur.) Auch Verbraucherberatungsstellen informieren und geben Anregungen.

Ein Ofen oder ein anderes Heizgerät in einem Zimmer, Einzelheizung genannt, ist die einfachste Form der Beheizung. Komfortabler ist eine sogenannte Etagenheizung – Wärme in der ganzen Wohnung durch Heizkörper in jedem Raum. Für jede Wohnungsgröße gibt es den passenden Heizkessel sowie eine Kombination für Heizung und warmes Wasser. Diese Heizkessel sind verhältnismäßig klein und lassen sich platzsparend in Küche, Bad oder Flur integrieren.

Bei Sanierung einer Wohnung kann Etagenheizung eingebaut werden, was allerdings keine billige Angelegenheit ist und Folgekosten hat – im Energieverbrauch gegenüber vorher und bei der Miete, weil der Wohnwert gestiegen ist.

Was bei Neubau oder Umbau für behindertengerechte Wohnungen eigentlich nicht geschehen darf, aber trotzdem passierte: Der Heizkörper unter dem Fenster war mit geringem Abstand über dem Fußboden angebracht worden. (Im Prinzip nicht falsch, weil Wärmestrahlung möglichst tief beginnen soll.) Erst als ein scharfsinniger Mensch sich in einen Rollstuhl setzte und vorführte, warum bestimmte Normen für »barrierefreies Wohnen« eingehalten werden müssen, zeigte sich eindeutig: Der Heizkörper ist mit der Fußstütze des Rollstuhls nicht zu »unterfahren«. Dadurch kann der Rollstuhlfahrer nicht nah genug ans Fenster herankommen, um es zu öffnen oder zu schließen.

»Defizit an Information und mangelnde Sensibilität für die Belange der Mitmenschen sind mit schuld«, sagt die Wohnberaterin aufgebracht, »wenn wieder einmal an der richtigen Lösung vorbeigedacht und Mist gebaut wird.«

Der Fehler wurde vor Übergabe der Wohnung schleunigst korrigiert, das Fenster ist jetzt auch vom Rollstuhl aus zu erreichen.

Nun zu den Fenstern:
Fenster sollten zur Frischluftzufuhr geöffnet werden, nicht zur Regulierung der Raumtemperatur, was über die Heizung geschehen muß. Täglich kurz und gründlich zu lüften, ist jedoch nicht mehr selbstverständlich, seitdem es Kippfenster gibt. Ständig gekippte Fenster bedeuten während der Heizperiode, Geld zum Fenster hinauszuwerfen, und sind in Erdgeschoßwohnungen geradezu einladend für Einbrecher.

Die alten Fenster mit Eichenholzrahmen brachten einen permanenten Luftaustausch, aber auch eindringende Kälte mit sich. Zur Wärmedämmung dichtete man die Rahmen ab, beendete damit allerdings auch die natürliche Luftzirkulation von drinnen und draußen.

Wärmedämmung ist wichtig, wozu die wesentlich verbesserte Fensterqualität heute beiträgt. Fenster mit Isolierverglasung schützen durch den Abstand zwischen den Scheiben davor, daß Zimmerwärme entweicht. Fenster mit Dreifachverglasung mildern zusätzlich hereinflutenden Straßenlärm.

Neue Fensterrahmen, auch aus Kunststoff oder Aluminium, schließen fest. Das ist einerseits wünschenswert, andererseits birgt es Nachteile. Verbraucherverbände sind mit Klagen von Mietern über feuchte Wohnräume bis hin zu Stockflecken oder Schimmelbildung beschäftigt. Nicht immer muß es am mangelnden Heizen oder falschen Lüften liegen, wenn Schäden auftreten. Falsche Baustoffe, Anstriche oder die Fenster können ebenfalls die Ursache sein. Wer baut oder Maßnahmen zur Energieeinsparung treffen will, sollte darauf achten, daß er des Guten nicht zuviel tut.

Fand bei den alten Holzrahmen naturgemäß ein Luftaustausch statt, wird er bei neuen Fenstern oft technisch hergestellt: Sie erhalten Lüftungsschlitze. Es gibt Klapp- und Dosierlüftungen zum nachträglichen Einbau in vorhandene Fenster, die im Glasfalz oder im Blendrahmen eingesetzt werden.

Durch einen Kippbegrenzer lassen sich Kippfenster auf schmaler Spalt-Dauerlüftung halten, was nicht empfehlenswert ist bei niedrigen Außentemperaturen.

Richtiges Lüften muß trotzdem sein: Morgens und abends, gegebenenfalls auch mittags, für fünf bis zehn Minuten das Fenster öffnen. Ist unter dem Fenster ein Heizkörper in Betrieb, sollte das Heizkörperventil solange geschlossen werden.

Manche Fenstergriffe sind nicht benutzerfreundlich. Wie kleine Dinge zu ändern, oft große Wirkung zeigt, sieht man an diesem Beispiel:
Herr Gerloss ist körperbehindert. »Ich würde gern öfter das Fenster öffnen«, sagt er, »aber ich kriege den kleinen Knubbel von Fensterolive nicht zu fassen.« Es muß nur ein größerer Fenstergriff eingesetzt werden, den seine Hand gut greifen und bewegen kann. Außerdem wird der Beschlag tiefer gelegt, um ihn vom Rollstuhl aus besser zu erreichen.
Zum Thema Sicherheit ist zu sagen, daß es Fenstergriffe mit Schloß gibt. Auch bei Kippfenstern kann am Rahmen ein Schloß angebracht werden, das verriegelt der Kippbewegung folgt.
Ein anderes Beispiel: »Im Sommer hatte ich immer das Oberlicht geöffnet«, sagt Frau Sander, »aber ich getraue mich nicht mehr auf die Leiter.« Mit einem neuen Kippbeschlag und langem Hebel bis in Greifhöhe kann sie nun das Oberlicht vom Boden aus verstellen.

Rolläden sind Sicht-, Einbruch-, Licht- und Sonnenschutz, schalldämmend und beugen nächtlichem Wärmeverlust vor. Wer nicht in der Lage ist, einen schweren Rolladen manuell zu bedienen, kann ihn mit einem elektrischen Antrieb ausrüsten lassen. Der Motor funktioniert entweder über einen Schalter, der da sitzen sollte, wo er am praktischsten zu bedienen ist, oder auch durch Fernbedienung, selbsttätig über Zeitschaltuhr oder Dämmerungsschalter.

In zunehmendem Maß werden Geräte zur Verbesserung der Zimmerluft angeboten. Sie wird darin umgewälzt, nach unterschiedlichen Methoden gefiltert, bei trockner Luft befeuchtet oder bei feuchten Räumen entwässert. Diese Geräte treffen jedoch nicht den Kern der Sache, um den es hier geht, nämlich Frischluftzufuhr.
Zur kontinuierlichen Belüftung trage auch ein Gerät bei, das

Frischluft ins Zimmer bläst. Wird sie zur Erwärmung über den Heizkörper am Fenster gelenkt, sei von Zugluft nichts zu spüren.

Seit einiger Zeit werden im Wohnungsbau und bei Sanierungen Lüftungsanlagen kombiniert mit Heizsystemen eingesetzt. Sie sollen durch gleichmäßige Temperatur und gleichzeitige Lüftung ein gesundes Raumklima herstellen und weitere Energieeinsparung erzielen.

Die Problematik der Wärmedämmung erfordert zunehmend neue architektonische, industrielle und handwerkliche Lösungen. Die Technik ändert sich ständig und basiert auf immer wieder neuen Erkenntnissen. Deshalb können Einzelheiten, die auch auf anderen Gebieten in diesem Buch beschrieben sind, bis zum Moment des Lesens schon überholt sein, weil mittlerweile vielleicht andere und bessere Lösungen gefunden wurden.

Balkon oder Loggia – das Zimmer im Freien

Die Erweiterung des Wohnraums nach außen hebt das Wohngefühl. Man kann sich bei schönem Wetter ins Freie setzen und so auch ein bißchen am Leben draußen teilnehmen oder sich etwas Bewegung verschaffen. Der Balkon oder die Loggia findet jedoch nicht immer Beifall.

Abgesehen von der örtlichen Lage, wenn Verkehrslärm und Abgase das Verweilen auf dem Balkon beeinträchtigen oder unmöglich machen, reagieren ältere Menschen empfindlich auf die klimatischen Verhältnisse. Zu viel Sonne oder Wind verdirbt ihnen den Aufenthalt draußen.

Es wäre aber schade, wenn deswegen die Quadratmeter zusätzlichen Raums, die in der Miete enthalten sind, nicht genutzt werden könnten. Mit dem Vermieter ist zu klären, welche Änderung man vornehmen darf und welche Kosten er gegebenenfalls übernimmt.

Am Balkongeländer kann eine wetterbeständige Verkleidung bis auf den Boden vor Zugluft schützen. Ist sie nicht transparent, nimmt sie die Sicht, auch wenn man gewöhnt ist, vom Zimmer aus über den Balkon auf die Umgebung zu blicken. Der Blickkontakt zur Außenwelt spielt im Alter eine besondere Rolle und sollte nicht durch eine massive Brüstung abgeschnitten sein.

Manche Menschen, nicht nur ältere, fürchten hingegen den Blick in die Tiefe. Eine Balkonverkleidung aus undurchsichtigem und festem Material, wie Holz- oder Kunststoffplatten, vermittelt ein Gefühl der Sicherheit und kann nachträglich an einem Geländer angebracht werden. Transparente Seitenteile über der Brüstung, an Geländer und Hauswand befestigt, schützen vor Wind und Regen.

Eine durch Handkurbel bewegliche Markise, wenn nötig mit Seitenschürzen, hält Sonne und Wind ab. Soll sie motorisch betrieben werden, braucht man eine Stromzuführung zum Balkon. »Ganz selten geht die Stromzuführung bis zum Balkon oder zur Loggia«, sagt die Wohnberaterin. »Mit einer Außensteckdose hätten wir einen Mehrzweckraum. Es kann gebügelt werden oder der Toast am Frühstückstisch geröstet.«

Auch ein Außenlicht sollte vorgesehen sein, dessen Schalter innen, neben der Tür sitzt.

Ein Infrarot-Strahler, in angemessener Höhe angebracht, verlängert mit seiner Wärme die Saison.

Balkon oder Loggia können mit einem Rollstuhl nur genutzt werden, wenn die Bewegungsfläche mindestens 150 x 150 cm mißt. Die Balkontür muß breit genug und die Türschwelle überfahrbar sein.

Beim jungen Herrn Massert ist der Balkon ausreichend groß, die Hebetür breit. Er kann auch den Hebetürbeschlag bedienen, obwohl er für Behinderte ungünstig ist. Besser wäre ein einfacher Türbeschlag mit festem Anpreßdruck. Eine solche Tür zum Außenbereich der Wohnung, die sich also nicht in eine Schiene senkt, ist jedoch nur möglich, wenn sie vor Wind und Wetter geschützt ist, beispielsweise bei einer Loggia.

Eine kantige Türschwelle hatte Herrn Massert den Weg auf den Balkon versperrt. Vom Schreiner wurden zwei Rampen mit sanftem Gefälle angefertigt. Sie sind breiter als die Türöffnung, um beim Befahren nicht unnötig rangieren zu müssen. Durch Ausschnitte passen sie genau zwischen das Mauerwerk, damit sie an der Türschwelle anliegen.

Die Rampe innen – Ausschnitte ausgemessen bei geöffneter Tür – hat an einer Seite einen hochstehenden Griff, da sie erst bei geöffneter Tür hingelegt werden kann und vor dem Schließen wieder zur Seite gestellt oder geschoben werden muß. Ihr Aussehen ist dem Zimmerboden angepaßt und mit einem Reststück des Teppichbodens beklebt. Die Stärke des Belags wurde vor Anfertigung der Rampe berücksichtigt.

In einer anderen Wohnung wurde die Rampe in Farbe und Muster dem Parkettboden angeglichen.

Außen kann die Rampe liegenbleiben, denn sie ist witterungsbeständig imprägniert.

Balkonflächen, die wesentlich tiefer liegen als der Innenraumboden, benötigen zusätzlich zur Außenrampe eine Auflage über die ganze Fläche. Denn eine höhere Rampe wäre in der Schräge zu lang und damit die Bewegungsfläche auf dem Balkon genommen.

Bei Balkons auf fast gleichem Niveau mit den Innenräumen läßt sich das durch Auflegen von Holzrosten lösen, so daß außen keine Rampe nötig ist. Die einzelnen Teile, wie Baukastenelemente aneinandergelegt, lassen Regenwasser abfließen. Man kann sie hochnehmen, um darunter zu kehren. Die Innenrampe wird auch hier zur Überbrückung der Türschwelle gebraucht.

Für die Mindesthöhe der Balkonbrüstung gibt es baupolizeiliche Vorschriften. Wird diese Mindesthöhe durch eine Auflage auf dem Balkonboden verringert, muß auf der Balkonbrüstung oder dem Geländer eine umlaufende zusätzliche Absicherung angebracht werden.

Wenn schon eine Erhöhung der Brüstung fällig ist, dann dürfen es ruhig zehn bis zwanzig Zentimeter mehr sein als das vorgeschriebene Mindestmaß. Ein Rohr von etwa 40 mm Durchmesser ist hier der beste Handlauf.

Bei Gehbehinderung oder Unsicherheit beim Gehen sollte dieser Handlauf über der Balkonbrüstung eine Fortsetzung an der Wand entlang bis zur Balkontür haben. Die Höhe der Anbringung richtet sich nach dem Greif- und Stützbereich.

Der Balkon als Ausfahrt zur Straße:
Ein Patient wird von der Rehabilitations-Klinik nach Hause gebracht. In seiner Wohnung kommt er allein zurecht, auch mit Rollstuhl, da sie seinen Bedürfnissen entsprechend angepaßt worden ist. Aber wie soll er nach draußen kommen? Das Haus liegt am Hang, drei Stufen führen zum Eingang, weitere zur Wohnungstür.
Also sitzt er nun in seiner Wohnung fest, wenn ihm niemand hilft. Immerhin kann er auf dem Balkon frische Luft schnappen, sich den Wind um die Ohren wehen lassen. Er war immer ein Mensch gewesen, der viel Zeit draußen verbracht und sich außerdem selbst versorgt hatte.
Vor dem Haus könnte das Problem durch eine Rampe neben den Stufen gelöst werden, aber im Haus, bis zur Wohnungstür, war nichts zu ändern.
Er rollt auf den Balkon. Ein Geländer schließt ihn ab. Davor stößt die Wiese fast ebenerdig an. Am Ende der Wiese führt die Straße vorbei. Ein Radfahrer winkt. Er winkt zurück. Wenn ich könnte, wie ich wollte, denkt er, würde ich da auch entlangfahren. Er grübelt weiter. Wenn ein paar Platten auf die Wiese gelegt werden und das Balkongitter teilweise entfernt wird, könnte ich nach draußen.
Er spricht mit dem Hausmeister, der den Gedanken der Hausverwaltung vorträgt. Diese wendet sich an die Wohnberaterin. Ein Zugang zwischen Haus und Straße über den Balkon ist möglich. Kostenvoranschläge werden eingeholt und von der Wohnbaugesellschaft abgesegnet. Und sie ist kulant: Die außergewöhnliche Umbaumaßnahme wird nicht auf die Miete aufgeschlagen.
Die Balkontür wird durch eine Haustür ersetzt, die von außen abschließbar ist. Aus dem Balkongeländer wird ein Teil herausgenommen und zum Törchen umgearbeitet. Inzwischen ist ein befestigter Weg bis zur Straße angelegt. Der Mieter bekommt zur Auflage gemacht, den Weg von Laub, Eis und Schnee freizuhalten.

Eine junge Frau fährt mit dem Auto zu ihrem Arbeitsplatz. Ungewöhnlich an dieser alltäglichen Geschichte ist der Lift am Balkon, der es ihr erst ermöglicht, aus dem Haus und zur Garage zu gelangen. Sie ist Rollstuhlfahrerin.

Der Balkon liegt zu hoch über dem Erdboden, als daß sich eine Rampe anbauen ließe. Unter dem Balkon sind Kellerfenster. Die Höhendifferenz bewältigt hier eine Hebebühne, Strom für den Motor ist durch den Keller geleitet. Die junge Frau fährt mit dem Rollstuhl über den Balkon auf eine Plattform. Sie bedient die Schaltung, und die Plattform senkt sich auf Weghöhe. Ein kurzes Stück fährt sie bis zur Garage, die breit genug ist, vom Rollstuhl ins Auto umzusteigen.

Die technische Anlage muß vom TÜV abgenommen werden. Die Bauverordnungen des Bundeslandes sind zu beachten. Eventuell werden Auflagen gemacht.

Kapitel 4

Schlafzimmer

Ältere Menschen nutzen ihre Wohnung intensiver als jüngere Leute, wie schon im vorangehenden Kapitel »Wohnzimmer« gesagt. Um in Ruhe alt zu werden, muß auch der Schlafbereich bequem sein. Zwar nimmt das Schlafbedürfnis im Alter ab, doch ein gesunder Schlaf ist zur Erhaltung der Vitalität und der Regeneration des Kräftehaushalts wichtig.

Die Wohnberaterin: »Eine durchdachte Einrichtung des Schlafzimmers ist eine vorbeugende Maßnahme für gesundes Wohnen in jedem Lebensalter. Warum sollte man erst im vorgerückten Alter auf seinen Körper Rücksicht nehmen?«

Zur prüfen ist: Sind die Möbel praktisch, vor allem das Bett und der Kleider/Wäscheschrank? Ist die oftmals kleine Fläche richtig ausgenutzt? Ist genug Platz zwischen den Möbeln, um sich ungehindert bewegen zu können? Kommt man im Notfall auch mit Krücken oder mit Unterstützung einer Hilfsperson ins Bad? Ist der Bodenbelag in Ordnung oder liegen lose Läufer vor dem Bett? Wie sieht es mit der Beleuchtung aus?

Damit ältere Menschen auch bei Krankheit oder Behinderung in ihrer Wohnung bleiben können, muß die Wohnung auch für eine häusliche Pflege geeignet sein. Das bedeutet nicht, ein Zimmer mit Krankenhauscharakter zu haben.

Wie man sich bettet

Seit Jahrzehnten bemängeln Wohnphysiologen zu niedrige Betten. Insbesondere älteren Menschen fällt es schwer, sich aus einem niedrigen Bett zu erheben, aber auch hineinzukommen. Außerdem gestaltet es die Pflege schwieriger, wenn jemand bettlägerig ist. Mehrere Firmen bieten jetzt höhere Betten an.

Wenn man sich bequem auf das Bett setzen und wieder aufstehen kann, dann hat es die richtige Höhe. Diese Höhe ist je nach Körpergröße unterschiedlich und beträgt im Mittel 58 cm vom Boden bis zur Liegefläche.

Bei Benutzung eines Rollstuhls sollte die Matratzenoberfläche etwas höher sein als die Sitzhöhe des Rollstuhls, weil beim Überwechseln die Matratze nachgibt.

Die Anschaffung eines neuen Bettes muß aber nicht sein. Wenn es zu niedrig ist, gibt es einige Möglichkeiten, dies zu ändern.

Zunächst findet man die richtige Höhe zum Hinsetzen und Aufstehen selbst heraus, indem Handtücher gefaltet und nacheinander auf die Matratze gelegt werden, bis eine angenehme Oberflächenhöhe erreicht ist. Die Dicke des zusammengedrückten Stapels entspricht dem Maß der notwendigen Erhöhung.

Will man es sich mit einer verstellbaren Rückenstütze und einer Ausgleichsauflage, davon wird gleich die Rede sein, komfortabler machen, hat man schon etwas an Höhe gewonnen. Das reicht aber vielleicht nicht aus.

Liegt der Lattenrost (oder Sprungrahmen) sehr niedrig im Bettrahmen auf, kann er durch höher angebrachte Auflagewinkel oder -leisten angehoben werden und damit auch die Matratze. Die Liegefläche der Matratze sollte die Bettkante noch überragen, wenn man sich hingesetzt hat. Liegt die Matratze zu niedrig im Bettrahmen, drückt sonst die Holzkante beim Sitzen unangenehm gegen die Oberschenkel.

Durch Anhebung des Bettgestells mit einem Sockel läßt sich ebenfalls ein gutes Resultat erzielen, damit die Matratze das ausprobierte Maß erlangt. Ein Beispiel:

»Jeden Morgen habe ich mich aus dem Bett gequält«, sagt Frau Lorenz, »jetzt erhebe ich mich ohne Probleme.« Ein Schreiner hat ihr einen Sockel unter das Bett montiert. Dieser Rahmen ist ringsum geschlossen und von der Vorderkante des Bettes zurückgesetzt, damit ihre Füße beim Bettenmachen Platz haben. Die Beine des Bettgestells hat er abgesägt.

Es gibt auch Hülsen zur Verlängerung und Stabilisierung der Bettpfosten, doch das sieht nicht gefällig aus.

Zum angenehmen Liegen gehören die gute einteilige Matratze auf einem Lattenrost, bei dem die einzelnen Latten in der Spannung regulierbar sind, um sie dem Körperdruck individuell anzupassen.

Mit einer elektrisch verstellbaren Rückenstütze auf dem Lattenrost kann man bequem den oberen Teil der Matratze bis in Sitzposition anheben. Von der Rückenstütze bis Fußende Bett gleicht eine zusätzliche Auflage auf dem Lattenrost den kleinen Höhenunterschied des Gestänges aus, damit die Matratze plan aufliegt.

Nach Erfahrung der Wohnberaterin gewöhnen sich ältere Menschen bald daran, sich selbst mittels Knopfdruck in die gewünschte Sitz- oder Liegeposition zu bringen und die entsprechende Schräge einzustellen, um eine andere Körperhaltung einzunehmen; sei es zum Lesen, zum Essen oder um sich nachts nur kurz aufzusetzen. Die hochgestellte Rückenstütze hilft auch beim Aufstehen – man sitzt schon und braucht nur noch die Beine aus dem Bett zu schwingen. Für Patienten, die nicht allein zum Sitzen kommen können, wird die Rückenstütze als »Aufrichthilfe« ärztlich verordnet.

Es gibt elektrisch verstellbare Lattenroste, deren Kopf- und Fußteil sich auf Knopfdruck anheben und senken. Die Wohnberaterin hat zwei Dinge daran auszusetzen:

Weil Kopf- sowie Fußteil mit einem Handschalter zu verstellen seien, führe das bei älteren Menschen oft zu Bedienungsfehlern und damit zu Verunsicherung. Außerdem sei bei bestimmten Beschwerden oder Behinderungen ein Anheben der Beine auf diese Art nicht angebracht. Eine zusammengerollte Decke oder ein Kissen unter Unterschenkel oder Kniekehle bringe mehr und gezielte Entlastung.

Das Bett sollte möglichst nur mit dem Kopfteil an der Wand stehen. Das erleichtert nicht nur das Bettenmachen, sondern auch die Pflege bei vorübergehender Bettlägerigkeit. Voraussetzung ist selbstverständlich genügend Bewegungsraum um das Bett.

Ein älteres Ehepaar schlief getrennt, weil er schnarchte. Er kampierte im Wohnzimmer auf dem Sofa, das denkbar ungeeignet zum Schlafen war. Im Schlafzimmer standen wie eh und je die beiden Betten nebeneinander, die tagsüber wieder so hergerichtet wurden, als schliefe er dort. Der Schein mußte gewahrt bleiben.

Als die Frau pflegebedürftig wurde, zeigte sich, daß die Möblierung dringend geändert werden mußte, was auch geschah. Die

Frau konnte nun, mit Hilfe von Krücken und gestützt von einer Pflegerin, aufstehen. Dafür war der Platz zwischen Betten und Kleiderschrank vorher zu eng gewesen. Bei einem Besuch der Söhne hatten sie das Problem folgendermaßen angepackt:

Das Sofa, auf dem bisher der Vater schlief, wanderte auf den Dachboden, das eine der Betten ins Wohnzimmer, dafür ein Sessel ins Schlafzimmer, neben das Bett der Mutter. Bett und Sessel wurden ihrer Sitzhöhe angeglichen. (Sitzauflagen sind im Kapitel »Hilfsmittel« näher beschrieben.) Der Sessel, mit der Rückenlehne zur Wand, gab ihr beim Hinsetzen ein Gefühl der Sicherheit, weil er nicht wegrutschen konnte.

Beim nächsten Besuch waren die Söhne von den Fortschritten der Mutter überrascht. Durch etwas Übung gelang es ihr, allein das Bett zu verlassen und den Sessel zu erreichen. Bald konnte sie sich selbständig in der Wohnung bewegen.

Auch der Vater ist zufrieden. »Es geht eben doch nichts über ein richtiges Bett«, sagt er, »mir tun morgens die Knochen nicht mehr weh.« Aber ein Bett im Wohnzimmer gefällt ihm nicht. Die Söhne wollen ihm eine Bettcouch kaufen, die auch zum Sitzen bequem ist und in der das Bettzeug leicht verstaut werden kann.

Bei Frau Pfitzner braucht es ebenso ein bißchen Überredungskunst, um das nicht mehr genutzte Doppelbett durch ein Einzelbett zu ersetzen, weil es an Bewegungsfläche fehlt.

»Nein«, sagt sie erst, »wir haben schon genug geändert. Im Schlafzimmer kenne ich mich auch im Dunkeln aus. Wenn ich nachts mal auf die Toilette muß, taste ich mich am Fußende des Bettes bis zur Tür.« Die Tür richtig zu öffnen, ist jedoch wegen des Doppelbettes nicht möglich. Um den Bettpfosten herum und durch die Tür zu gehen, ist unterdessen für sie eine heikle Angelegenheit.

Frau Pfitzner erklärt sich schließlich mit der Umgestaltung einverstanden und kauft sich ein Einzelbett in seniorengerechter Höhe, das sie im Geschäft ausprobiert hat. Eine Leselampe am Bett gibt genügend Licht für nächtliche »Wanderungen«. Noch besser wäre eine Zimmerbeleuchtung, die auch vom Bett aus zu schalten ist, wie das früher einmal üblich war.

Wichtig ist ein stabiler Nachttisch, auf dem man sich ohne Sorge abstützen kann.

Fahrbare, höhenverstellbare Beistelltische im Schlafzimmer sind praktisch, doch zum Abstützen sind sie ebenso ungeeignet wie Servierwagen. »Solche Kleinmöbel mit ungebremsten Rollen sind gefährlich, das kann ich gar nicht oft genug betonen«, sagt die Wohnberaterin. »Natürlich ist alles, was Komfort bringt und auch Pflegenden die Arbeit erleichtert, gut und richtig, auch ein fahrbarer Tisch – aber mit der genannten Einschränkung.«

Herr Müller hat Schwierigkeiten, aus dem Bett zu kommen. Sein »Zivi« weiß ihm zu helfen, aber seine Schwester hat darin keine Übung. Probleme gibt es beispielsweise, wenn er vom Bett in den Sessel daneben »umsteigen« möchte.

Mit einer Patienten-Drehscheibe kann sie ihrem Bruder behilflich sein: Herr Müller stellt die Rückenstütze hoch, sitzt, schwenkt vorsichtig die Beine aus dem Bett und hat nun die Füße auf der runden Plattform von 30 cm Durchmesser (gibt es auch größer). Die flache Scheibe ist mit Gummiunterlage nur 13 Millimeter hoch.

Ruhig, geduldig, dem Kreislauf in aufrechter Haltung ein bißchen Zeit gebend, sich anzupassen, gelingt es Herrn Müller mit leichter Unterstützung seiner Schwester, auf der rutschfesten Scheibe zu stehen. Eine Vierteldrehung nur, und er kann sich in den Sessel setzen, ohne einen schmerzhaften Schritt tun zu müssen.

Schränke und Kommoden

Im Schlafzimmer ist ausreichend Schrankraum wünschenswert. Schränke und Kommoden dürfen jedoch nicht den Bewegungsraum nehmen. Möbel mit abgerundeten Ecken und Kanten sind natürlich auch hier wichtig. Bei beschränkter Reichweite nach oben, unten und auch in die Tiefe eines Schrankes müssen die abgelegten Sachen umsortiert und in sicht- und greifbare Bereiche verstaut werden. (Wie man seinen richtigen Greifbereich herausfindet, ist in den Kapiteln »Küche« und »Wohnzimmer« geschildert.)

Kleinteile und Wäsche lassen sich in Schubladen übersichtlich ordnen. Ein Schubladenstop verhindert, daß sie zu weit herausgezogen werden und herunterfallen. Sind nicht genügend Schubladen vorhanden, kann man sie nachträglich unter einzelne Schrankfächer einbauen lassen.

Türen von Kleiderschränken sind in engen Schlafzimmern oft nicht richtig zu öffnen. Deshalb werden Schränke mit Schiebe- oder Falttüren angeboten, neuerdings auch mit Türen, die sich beim Öffnen seitlich in den Schrank schieben.

Wie schon im Kapitel »Wohnzimmer« erwähnt, sollten Schranksockel nicht höher als sieben Zentimeter sein, sonst gelangt ein Rollstuhlbenutzer nicht an den Inhalt des Schrankes, an Fächer und Kleiderstange heran. Er muß mit der Fußstütze des Rollstuhls in den Schrank einschwenken können.

In Hochschränke kann man allerhand hineinpacken, wenn man noch auf eine Trittleiter steigen kann. Wer sich im fortgeschrittenen Alter nicht mehr auf die Trittleiter wagt, für den ist der Stauraum oberhalb des Greifbereichs verschenkt. Das gilt noch mehr für Rollstuhlfahrer.

Es gibt aber eine Möglichkeit, das Obere nach unten zu kehren: Oma hat einen Einbauschrank, auf den sie bisher sehr stolz war. Doch nun kommt sie nicht mehr an die oberen Fächer heran, in denen Bett- und Frottierwäsche untergebracht sind. Ihr Enkel hat wieder einmal eine Idee. Er versetzt die Einlegeböden nach unten und die Kleiderstange nach oben, an einen Kleiderlift montiert.

Omi protestiert: »Glaubst du, ich möchte jedesmal, wenn ich an meine Röcke und Blusen will, jemanden rufen oder sie mit dem Besenstiel herunterangeln?«

Hänschen beschwichtigt sie: »Du wirst bequemer nach deinen Kleiderbügeln greifen können als vorher.«

Der Kleiderlift ist montiert. Oma dreht an einer Kurbel. Das Gestänge bewegt sich nach vorn und nach unten. Oma reiht die Kleiderbügel auf die Stange und dreht wieder die Kurbel. Die Kleider verschwinden nach oben in den Schrank. »Ist wirklich einfach«, sagt sie, »der Ausleger funktioniert wie bei einer Markise.«

Oft hat sich bei älteren Menschen im Laufe der Zeit viel Kleidung angehäuft. Einerseits sind sie temperaturempfindlich und brauchen ein paar Kleidungsstücke mehr, andererseits sind sie sparsam und nicht so eilfertig im Wegwerfen.

»Eigentlich habe ich viel zuviel Sachen«, sagt Frau Pfitzner, »die ziehe ich doch nicht mehr an. Wie praktisch es ist, im Zimmer Platz zu haben, weiß ich schon. Den will ich jetzt auch in meinen Schränken. Wenn ich einmal fremde Hilfe brauche, muß ich mich ja schämen, was ich alles gehortet habe.«

»Ach, woher denn«, sagt eine ihrer Freundinnen, »das geht mir genauso. Wollen wir uns gegenseitig beim Aussortieren helfen?«

Gesagt, getan. Die Beutel für die Altkleidersammlung füllen sich, darunter sogar Anzüge längst verstorbener Ehemänner. Es kostet Überwindung, sich von Erinnerungsstücken zu trennen. Beim Aussondern veranstalten die Freundinnen eine »Modenschau«, und unter Gelächter wechselt manches Kleid die Besitzerin. In den Schränken bleibt nur noch, was wirklich getragen wird.

Kapitel 5

Wohnungsflur

Enge Flure sind gerade noch als Durchgang zu den Räumen zu benutzen. Ausladende Schränke und auch viele Kleinmöbel verringern den Bewegungsraum. Wer dazu noch an Licht spart, ist schlecht beraten. Brücken, Läufer oder ausgediente Bodenbeläge, an denen man hängen bleiben kann, müssen entfernt beziehungsweise ersetzt werden.

Sind die Türen breit genug oder gibt es Probleme, wegen einer zu schmalen Tür nicht ins Bad oder zur Toilette zu kommen? Sicherheitsvorrichtungen an der Wohnungstür müssen überlegt eingebaut werden. Es darf nicht geschehen, daß zwar Einbrechern der Zutritt versperrt ist, aber auch Helfende im Notfall keinen Zugang haben.

Eine Telefonanschluß kann lebenswichtig sein. Meistens ist das Telefon im Flur installiert, wäre aber vielleicht in einem anderen Teil der Wohnung besser plaziert. Ein Telefonanschluß ist Voraussetzung, um an einem »Notruf«-System teilnehmen zu können, wenn am Ort angeboten.

Ist die Türklingel wahrzunehmen? Ist eine Gegensprechanlage zur Haustür vorhanden?

Der Flur ist keine Nebensache, sondern die zentrale Verbindung von drinnen und draußen und von Raum zu Raum. Wenn hier etwas nicht mehr stimmt, muß es in Ordnung gebracht werden.

Breit genug oder eng verstellt?

»Ein zu enger Flur ist generell ein Hindernis«, sagt die Wohnberaterin, »das muß man nicht erst mit Gehhilfen oder einem Rollstuhl ausprobieren. Es genügt schon, Einkäufe oder einen Wäschekorb tragend oder mit einem Kind auf dem Arm, durchgehen zu wollen.« Außer daß ein Flur zu schmal gebaut ist, kommt die hausgemachte Enge hinzu. Ihn mit einer Flurgarderobe und einer Ablage einzurichten, sollte ohne Einschränkung der Beweglichkeit möglich sein. Weiteres Mobiliar ist in einem schmalen Flur meist von Übel, er darf nicht durch ungünstige Möblierung zusätzlich verengt werden.

In Frau Pfitzners Flur stand ein tiefer Kleiderschrank. Er war ihr schon immer im Weg gewesen. Nachdem ihr Schlafzimmer umgestaltet wurde und sie Kleidungsstücke auch aus diesem Schrank aussortiert hatte, betrachtete sie kritisch den Flur.
Sie schenkte den Kleiderschrank ihrer Nichte, die sich über das ansehnliche Möbelstück sehr freute, ließ den Flur renovieren und einen großen Spiegel anbringen, wo vorher der Schrank stand. Nun genießt sie nicht nur die optische Weite, die der Spiegel vermittelt, sondern auch die Bewegungsfreiheit, die sie gewonnen hat und die ihr die Kleiderhaken, eine Ablage und ein Stuhl in der Ecke nicht wieder nehmen.

Der junge Herr Massert hat einen gewinkelten Flur. Selbst bei offenen Zimmertüren kam er nicht um die Ecke, da er mit dem Rollstuhl einen größeren Wendekreis braucht. War guter Rat teuer? Bliebe nur der Umzug? Sein »Zivi« sann auf Abhilfe.
Nachfrage beim Hauswirt: Darf die Ecke entschärft werden? Rückfrage bei der Wohnberaterin und Architektin: Verträgt es die Wand, einige Zentimeter des Mauerwerks vom Boden bis in etwa einen Meter Höhe zu entfernen? Kein Problem. Es wird weniger Mauerecke als dicker Putz abgetragen, der abgeflachte Wandabschluß geglättet und gestrichen. Herr Massert hat freie Fahrt.

Licht und Klingel

»Ist das düster hier«, sagt Sabine, als sie die Wohnung der Großmutter betritt. – »Ich brauche keine Festbeleuchtung«, erwidert Frau Lorenz. Erfahrungsgemäß achten ältere Menschen nicht auf ausreichende Beleuchtung. Als Sabine andere Glühbirnen mit höherer Wattzahl einschraubt, ist es Frau Lorenz im Flur recht, aber im Wohnzimmer zu hell.
Ein Dimmer bringt variable Lichtverhältnisse. Frau Lorenz kann

82

auch ihre Standlampe vom Dämmerlicht bis zum strahlend hellen Leselicht stufenlos regeln. Alle Räume müssen ausreichend ausgeleuchtet und die Lampen so angebracht sein, daß man nicht im eigenen Schatten sitzt oder geblendet wird.

Bei alten- und behindertengerechter Wohnungsanpassung ist meist auch ein Elektriker dabei. Lichtschalter müssen tiefer und Steckdosen höher oder neue gesetzt werden. In 85 cm Höhe über dem Fußboden angebracht, sind sie von allen bequem zu erreichen. Das ist die Greifhöhe von Kindern wie von Erwachsenen bis zwei Meter Größe, von Gehbehinderten mit Stock wie von Rollstuhlfahrern. Großflächenschalter sind einfacher zu betätigen, notfalls mit dem Handrücken oder dem Arm. Mehrere Lichtschalter, sogenannte Schalterleisten, sind nicht senkrecht übereinander, sondern waagerecht nebeneinander zu verlegen.

Wenn ein Lichtschalter außerhalb des Raumes angebracht ist, beispielsweise im Flur für das Bad, sollte er immer mit einer Kontrolllampe versehen sein, die anzeigt, ob hinter der Tür Licht brennt oder ob man es ausgemacht hat.

»Werden im Flur zusätzliche Schalter mit Kontrollampen vor den anderen Räumen angebracht, braucht man nicht ins dunkle Zimmer zu treten oder zu fahren, um dann erst Licht einzuschalten«, meint die Wohnberaterin.

Nachts geht Frau Lorenz durch den dunklen Flur zur Toilette, weil der Lichtschalter zu weit von der Schlafzimmertür entfernt ist. Sabine kauft ein »Nachtlicht«, eine Dauerglimmlampe für eine Steckdose im Flur, die zusammen mit dem Lichtschein aus dem Zimmer hier zur Orientierung beiträgt.

Eine andere Möglichkeit ist, Licht für eine bestimmte Zeit aufflammen zu lassen. Dies geschieht durch Bewegungsmelder, die es auch steckerfertig mit Lampe gibt, oder durch Akustikschalter, die automatisch Licht bei Geräusch einschalten.

Licht dient nicht nur zur Beleuchtung, Licht kann für Hörgeschädigte auch Signalwirkung haben.

Eine einfache Wohnungsklingel ist bei Hörverminderung oft schlecht wahrnehmbar, besser schon eine Klingel in mehreren Tonlagen. Reicht eine solche Klingelanlage nicht aus, kann man Lichtmelder zusätzlich installieren lassen.

Hinter dem komplizierten Begriff Haus-Informations-System steckt eine Technik, die auch für einen alten Menschen unkompliziert funktioniert. Hier einige Beispiele:

Frau Meier sitzt im Wohnzimmer und hört Radio. Die Tür zum Flur ist geschlossen. Ein Besucher klingelt an der Haustür. Frau Meier hört das Klingeln nicht, doch sie bemerkt es, weil ihre Stehlampe blinkt, auch wenn sie ausgeschaltet ist. Der Empfänger der Licht-Signalanlage ist an die Steckdose gekoppelt, der Sender an der Klingel im Flur installiert.

Herr Müller möchte in der Küche »sehen« können, wenn es klingelt. Hatte er ein Küchengerät in Betrieb, überhörte er das Klingeln manchmal. Er kaufte sich zum Kombisender, an den auch das Telefon angeschlossen ist, einen Empfänger mit Blitzfläche, die beim Läuten aufleuchtet. Diesen Empfänger steckt er, wo er sich gerade befindet, in die Steckdose. Zusätzlich zur Blitzfläche hat der Empfänger Signallämpchen mit Symbolen, die ihm zeigen, was geklingelt hat – die Türklingel oder das Telefon. Er muß jedoch sehr genau hinschauen, da die Markierungen neben den Lämpchen winzig und deshalb kaum ablesbar sind.

Frau Pfitzner trägt seit einiger Zeit ein Hörgerät. Trotzdem nimmt sie das Klingeln an der Wohnungstür nicht wahr, wenn sie zum Beispiel ein spannendes Fernsehspiel verfolgt. Sie läßt sich einen Sender im Flur installieren, der die Signale nicht durch Licht, sondern durch Impulse an ihr Hörgerät weitergibt. Auch die Kombination von Ton/Licht-Signal ist möglich.

Frau Hofmann behilft sich mit einem drahtlosen Schallmelder, dem sogenannten Babysitter. Den Sender steckt sie in die Steckdose im Flur und den Empfänger in eine Steckdose im Wohnzimmer. So wird das Klingeln verstärkt ins Zimmer übertragen. Als sie mit einer schweren Grippe im Bett lag, wechselten sich Verwandte in der Betreuung ab. Im Wohnzimmer wurde vorübergehend ein Gästebett eingerichtet, und der Sender des Schallmelders kam vorübergehend vom Flur ins Schlafzimmer. So konnte sich Frau Hofmann leicht bemerkbar machen, was ihr etwas die verständliche Angst vor einer nächtlichen Krise nahm.

Telefon und Notruf

Das Telefon ist eine Verbindung zur Außenwelt. Besonders für alleinlebende Ältere oder Behinderte kann ein Telefonanschluß wichtig sein. Deswegen gibt es Sonderzubehör und Sondermodelle, die das Telefonieren erleichtern.

Eine Auswahl an Zusatzgeräten zum Telefon, die Handicaps ausgleichen:

Die zusätzliche Klingel, auch mit Tonruf und optischer Anrufanzeige; das Anschaltrelais, das beispielsweise eine Zimmerlampe bei Anruf zum Blinken bringt; der Telefonhörer mit Hörverstärker; oder der Hörer für Personen mit Hörgerät, das eine Empfängerspule für die Übertragung hat; oder eine Hörkapsel, die in fast jeden beliebigen Telefonhörer eingebaut werden kann.

Außerdem gibt es Telefon-Sondermodelle für Personen mit Seh- oder Hörstörungen:

Ein Apparat mit gut lesbaren Ziffern auf großem Tastenfeld ist schon bedienungsfreundlicher als einer mit kleinen Tasten oder Wählscheibe. Bei einem Telefon mit Tonruf, melodischem Dreiklang, ist der Anruf besonders gut wahrnehmbar; bei manchen Modellen kann die Tonfolge nach Gutdünken eingestellt werden.

Ein Telefon mit überdimensionalen Tasten und Ziffern, das Rufnummern speichert, Namentasten hat und Wahlwiederholung für die zuletzt angewählte Rufnummer, kann das Wählen vereinfachen.

Wird ein sogenanntes Umweltsteuergerät zugeschaltet, können mittels Tastendruck auch Radio, Fernseher, Licht oder Türöffner bedient werden.

Als Ergänzung zum ortsgebundenen Apparat gibt es das schnurlose Telefon, mit dem man von allen Räumen aus telefonieren kann. Doch darf man nicht vergessen, wo man es abgelegt hat und es an seiner Feststation aufzuladen.

Für gewöhnlich befindet sich der Telefonanschluß im Flur. Hier steht auch Frau Pfitzners Telefon. Dessen Schnur ist lang genug, um es mit ins Wohnzimmer zu nehmen, wo sie sich meistens aufhält. Bis ins Schlafzimmer, neben ihr Bett, reicht die Telefonschnur nicht. Außerdem spannte sie sich quer über den Flur und versperrte den Weg zur Toilette.

Lange Telefonschnüre und Verlängerungskabel für elektrische Geräte oder Lampen beschwören Unfallgefahren herauf. Frau Pfitzner läßt sich deshalb Telefonsteckdosen installieren – im Flur, im Wohnzimmer neben ihrem Sessel und im Schlafzimmer neben dem Bett. Jetzt schließt sie das Telefon da an, wo sie es haben will. Das Steckerkabel ist wesentlich kürzer, so daß weniger Gefahr besteht, sich damit zu verheddern und zu stolpern.

Noch besser wäre ein zusätzliches Telefon, ein Zweitapparat gewesen.

Herr Hinze hat ein Telefon mit Lautsprecher und Mikrophon. Er kann damit frei sprechen, das heißt ohne Hörer in der Hand auch den Gesprächspartner hören. Herr Hinze ist ein talentierter Klavierspieler. Mittwochs trifft man sich bei ihm zur launigen Musikrunde. Eine Dame fühlt sich nicht wohl und ist lieber zu Hause geblieben. Trotzdem kommt sie per Telefon zu ihrer Musik und kann an den Gesprächen teilnehmen. Jeder im Raum hört, wie fröhlich sie antwortet. Und ihr ist, als wäre sie dabei.

Auch Herr Müller ist ein geselliger Mensch. Er wird in seiner Clique, die sich wöchentlich reihum trifft, vermißt. Als ihn einer der Freunde anruft, sagt er mit Bedauern: »Ich habe mir heute Ausgangssperre verordnet. Du weißt schon, mein Bein...« Das Telefongespräch bringt ihn auf die Idee, eine Telefonkette zu gründen. Nach einem verabredeten Zeitplan rufen sich die Mitglieder gegenseitig an. Im Notfall, wenn sich jemand einmal nicht meldet, wäre mit schneller Hilfe zu rechnen.

In zahlreichen Städten bekämpfen Telefonketten die oft große Sorge, in eine hilflose Situation zu geraten, ohne daß dies bemerkt wird. Allein in der Wohnung, vielleicht abgeschnitten von mitmenschlichen Beziehungen, lassen sich mit einer Telefonkette sogar neue Kontakte knüpfen.

Mitglied einer Telefonkette zu werden, ist freiwillig, aber mit der Verpflichtung verbunden, zu einem vereinbarten Zeitpunkt den Anruf entgegenzunehmen und das nächste Kettenmitglied anzurufen. Ist der Kreis geschlossen, sind die Gespräche angenommen und weitergegeben worden, dann ist gewiß, daß alle wohlauf sind. Meldet sich ein Kettenmitglied nicht, wird davon ausgegangen, daß ein Notfall vorliegt, und Hilfe herbeigerufen. Wer zu dem vereinbarten Zeitpunkt nicht erreichbar ist, verreist oder beim Arzt, muß sich vorher abmelden, damit alle Bescheid wissen.

Manche Telefonketten entwickelten Eigendynamik. Anfängliche Zurückhaltung am Telefon wich lebhafter Kommunikation bis hin zu gegenseitigen Besuchen oder gemeinsamen Unternehmungen.

Wer sich gern einer Telefonkette anschließen möchte, erkundigt sich am besten bei Wohlfahrtsverbänden, Kirchengemeinden oder dem Sozialamt, ob im Wohngebiet eine Telefonkette existiert. Manche Telefonketten werden durch Sozialarbeiterinnen und Sozialarbeiter angeregt oder durch private Initiative selbst organisiert.

Soziale Dienste haben in zahlreichen Orten Haus-Notrufzentralen eingerichtet. Sie geben vor allem Alleinstehenden die Sicherheit, in einer Notsituation rasche Hilfe herbeirufen zu können.

Die Teilnehmerstation in der Wohnung wird beim Telefon aufgestellt und an eine Steckdose angeschlossen. Es ist ein kleiner Kasten mit Mikrophon, Lautsprecher und Notruftaste. Durch Drücken dieser Taste wird automatisch die Nummer des Notrufdienstes gewählt. Man kann hören und sprechen, ohne das Telefon zu benützen. Deshalb sollten Telefon und Teilnehmerstation zentral in der Wohnung aufgestellt sein oder dort, wo man sich meistens aufhält.

Weitere Notruftasten können in allen Räumen angebracht werden, oder man hängt sich den handlichen Notrufsender um den Hals. Je nach System wird mittels Tastendruck oder Ziehen an einer Schnur des Senders das Signal zur Notrufzentrale ausgelöst. Befindet man sich in Rufweite seiner Teilnehmerstation, kann vielleicht schon einiges im Gespräch abgeklärt werden.

Ist man nicht in der Lage zu sprechen, genügt das Funksignal, und die Notrufzentrale tritt in Aktion. Bis zu einer bestimmten Entfernung zur Teilnehmerstation auch außerhalb der Wohnung, vor dem Haus oder im Garten, ist das Funkgerät aktiv.

Teilnehmerinnen und Teilnehmer des Haus-Notrufs sind der Zentrale persönlich bekannt. Dort sind alle erforderlichen Angaben über Gesundheitszustand und Anschriften von Arzt, Angehörigen oder sonstigen Vertrauenspersonen gespeichert, um im Notfall schnellstens eingreifen zu können. In der Zentrale ist zudem ein zweiter Wohnungsschlüssel deponiert, damit Helferinnen oder Helfer nicht vor verschlossener Tür stehen.

Allein die Möglichkeit zu haben, jemanden zu erreichen, ist schon eine Hilfe. Manchmal genügt eine telefonische Beratung. In vielen Fällen wirkt der unmittelbare Zuspruch beruhigend. Ganz bestimmt tragen Notrufzentralen dazu bei, daß ältere und behinderte Menschen, die immer oder zeitweise allein leben, sich in ihrer Wohnung gut aufgehoben fühlen können.

Bei den Wohlfahrtsverbänden oder beim Sozialamt kann man erfahren, ob es am Ort einen Haus-Notrufdienst gibt und was es kostet, daran teilzunehmen. An der Finanzierung soll es nicht scheitern. Ist die Rente zu gering, um die monatliche Gebühr zu bezahlen, kommt bei begründetem Bedarf das Sozialamt dafür auf, aber auch die Träger der Notrufzentralen lassen mit sich reden.

Dreh- und Angelpunkt – die Tür

Schmale Türen sind zeitweilig ein Ärgernis, auch wenn man sich normal in der Wohnung bewegen kann. Wenn Gehhilfen nötig sind, werden schmale Türöffnungen zur Sperre. Sie erschweren das Durchkommen mit einer Hilfsperson. Mit einem Rollstuhl ist es oft unmöglich, besonders wenn zum Wenden und Einschwenken nicht genug Bewegungsfläche vor und hinter der Tür vorhanden ist.

Dann reichen »normale« Türbreiten von weniger als 80 cm einfach nicht mehr aus. Solche Türen sind vor allem in Mietshäusern anzutreffen, die in den letzten Jahrzehnten nach dem Sparprinzip gebaut worden sind. Meistens ist es die Tür zur Toilette, ins Bad oder zur Abstellkammer, bei der sich die genannten Probleme stellen. Und das auch in großzügigen Altbauten, wo sonst doppelflügelige Türen zu den Zimmern führen.

Verbreiterung von Türen ist bei Wohnungsanpassung die häufigste und aufwendigste bauliche Änderungsmaßnahme. (Zur Erklärung: Wenn im Bad etwas verändert wird, zum Beispiel nur ein Waschbecken versetzt, dann ist das keine bauliche Maßnahme und kein Eingriff in die Bausubstanz.)

»Wo eine Türverbreiterung zwingend notwendig ist, setze ich eine zweiflügelige Schiebetür ein«, sagt die Wohnberaterin, »keine normale Zimmertür mehr, die sich in den Angeln dreht, denn ein aufschwingendes Türblatt ist meistens im Weg.

Eine Tür, die sich in Richtung Bad oder Toilette öffnet, ist grundsätzlich falsch. Der Raum hinter der Tür ist oft eng, und wenn es jemandem schlecht wird und hinter der Tür auf dem Boden kauert, kann niemand zu Hilfe kommen. Richtig ist, daß sich die Tür zum Flur oder zur Diele hin öffnen läßt. Hier nimmt sie allerdings auch einen Teil der ohnehin begrenzten Bewegungsfreiheit weg. Eine Schiebetür tut das nicht.

Die einflügelige Schiebetür setze ich ein, wenn die Türöffnung zu dicht an der Ecke ist, so daß das Türblatt nur vor eine Wand geschoben werden kann. Wo immer es geht, setze ich die zweiflügelige Schiebetür ein. Man zieht sanft an einer Seite, und beide Flügel gehen spielend leicht auseinander, egal ob man rechts oder links zieht.

Bei dem Umbau wird der Türrahmen entfernt und der Wandausschnitt nach Bedarf vergrößert. Die fertige Durchgangsbreite sollte niemals weniger als 85 cm betragen. Lichtleitungen und Schalter für Beleuchtung des dahinterliegenden Raums müssen verlegt werden. Gleichzeitig lasse ich zur Vorsorge über der Tür eine Verteilerdose mit Stromzuführung einputzen, falls der oder die Betreffende die Tür nicht mehr von Hand öffnen kann. Ein elektrischer Antrieb ist somit ohne große Vorarbeit nachzurüsten. Das Gestänge der Schiebetür wird dafür ausgetauscht. Die Tür öffnet sich dann auf Knopfdruck oder auch durch Fernbedienung.«

Der Austausch der Türen geht verhältnismäßig rasch. Doch die Wohnberaterin warnt: »Es gibt Putzschäden, es gibt Staub – ein Vergnügen ist die Umbauphase für die Bewohner nicht, selbst wenn alles bis ins letzte vom Sozialdienst organisiert wird, einschließlich einer Putzhilfe.« Es ist auch möglich, daß die Wohnungsanpassung schon vor Entlassung aus einer Klinik – dank der Koordination von Arzt, Sozialarbeiterin und Wohnberatung bis Handwerker – abgeschlossen ist.

Es bleibt die Frage an die Wohnberaterin, ob diese aufwendige Wohnungsanpassung nicht zu teuer kommt. »Die Umbaumaßnahme treffe ich bei Leuten, die sie aus der eigenen Tasche bezahlen ebenso wie im Sozialen Wohnungsbau. Wenn jemand durch seine veränderte Situation nicht mehr durch eine Tür kann, müßte er ja sonst in eine andere Wohnung umziehen, in der alle Türen breit genug sind. Das ist selten der Fall.«

Auch minimale Veränderungen können manchmal zum Ziel führen: Für einige Zeit auf einen Rollstuhl angewiesen, kam ein Mann nicht ins Bad und zur Toilette. Je nach Rollstuhlbreite müssen vorhandene, 80 cm breite Türen – bei ausreichender Bewegungsfläche in Zimmer und Flur – kein Hindernis sein. Und doch war in der Wohnung eine Türöffnung nicht zu durchfahren. Der Grund: Die Tür zum Badezimmer ließ sich nicht komplett öffnen, sie schlug nicht an der Wand, sondern schon am Waschbecken an. Mögliche Veränderung hier: Um lediglich zwei Zentimeter wurde das Waschbecken zur Seite versetzt, damit die Tür weit genug aufging.

Am schmalsten sind oft die Türen zu Abstellkammern, schmaler als eine vernünftige Schranktür von 60 cm. Weder kann man etwas in die Kammer hineintragen, noch herausholen, wenn die Tür nicht breit genug ist. Wenn sie dazu noch nach innen aufschlägt, macht dieser Abstellraum überhaupt keinen Sinn. Als Notlösung wird die Tür ausgehängt und eine Vorhangschiene angebracht. Der Durchgang ist natürlich immer noch zu eng, deshalb kann nur untergebracht werden, was auf Armlänge erreichbar und nicht zu schwer ist.
Im Sozialen Wohnungsbau ist eine Abstellfläche innerhalb der Wohnung (zu dem Abstellraum im Haus) vorgeschrieben, meist wird sie dem Flur zugeordnet. Immer mehr sieht man einen Einbauschrank dafür vor, anstatt der gemauerten, begehbaren Kammer mit den genannten Nachteilen.

Wie von Geisterhand öffnet sich die schwere Hauseingangstür. Sie hat einen pneumatischen Türantrieb, eine Errungenschaft aus dem Schiffsbau, die Kraft spart. Der Öffnungsvorgang wird durch

Umdrehen des Schlüssels oder durch Handkontakt ausgelöst. Außer in öffentlichen Gebäuden und Mietshäusern kann der pneumatische Türantrieb auch im Eigenheim nützlich sein. Eine Familie mit behindertem Kind überlegt, ob sie eine solche Anlage mit Leitungen zu allen Türen im Haus einplanen soll.

Der Impulsgeber zum Öffnen der Tür sitzt da, wo man ihn braucht – an der Tür, an der Wand im Abstand vor der Tür oder auf dem Boden. Das System funktioniert auch bei Stromausfall, da es durch Luftdruck betrieben wird.

Nicht nur zu schmale Türen können behindern, sondern auch Türschwellen. Bei Türen nach draußen (Hebetüren) sind sie entsprechend hoch. Durch Anlegen von Rampen werden sie überfahrbar. (Im Kapitel »Wohnzimmer« ist bei dem Thema »Balkon oder Loggia« die Beschreibung einer Anpassung zu finden.) Türschwellen zwischen den Räumen und zum Hausflur sind Stolperkanten und eine veraltete Methode, Zugluft auszusperren.

Werden Türschwellen abgetragen, kann der Höhenunterschied zwischen Boden und Tür mit einer Dichtungsschiene an der Tür ausgeglichen werden. Es gibt verschiedene Ausführungen: Selbstklebend oder zum Anschrauben, als Filz-, Lippen- oder Bürstendichtung. (Letztere eignen sich nicht bei Teppichböden.) Wird nachträglich ein Teppichboden verlegt, erübrigt sich meist eine Türdichtung.

Sicher ist sicher

Die Abschlußtür einer Wohnung muß stabil sein und ein gutes Türschloß haben. Ein Zusatzschloß, bei dem man die verriegelte Tür spaltbreit öffnen kann, ist eine empfehlenswerte Sicherheitsmaßnahme. Zusatzschlösser sollte man sich im Fachhandel vorführen lassen und ausprobieren. Haben sie beispielsweise innen einen Drehknopf, dann muß man ihn gut fassen und bewegen können.

Die Tür zusätzlich mit einer einfachen Türkette zu sichern, kann problematisch werden, wenn jemand mit Wohnungsschlüssel rasch zu Hilfe kommen soll, aber die Kette vorgelegt ist. Besser sind Türketten mit Schloß, also aufschließbar.

Deshalb ist es wichtig für Alleinstehende, sich zu merken: Bevor das Zusatzschloß benutzt wird, muß man der Vertrauensperson, die bereits über einen Wohnungsschlüssel verfügt, den Zweitschlüssel für das Zusatzschloß aushändigen.

Das gleiche gilt für Teilnehmer eines Haus-Notruf-Dienstes: Bevor man das Zusatzschloß benutzt, also bevor die Tür zum erstenmal damit abgeschlossen wird, muß die Notrufzentrale zum Haustür- und Wohnungsschlüssel auch diesen Zweitschlüssel erhalten. Wie es der Zufall will, könnte gerade dann Hilfe notwendig sein, die aber steht vor versperrter Tür, und bis der Schlüsseldienst kommt, verstreicht kostbare Zeit.

Wer sich durch mehrere Riegel, etliche Ketten oder durch einen komplizierten Sicherheitsmechanismus total absichern will, handelt gegen seine eigene Sicherheit. Verbraucherzentralen halten Informationsmaterial über Tür- und Fenstersicherungen bereit. Kriminalpolizeiliche Beratungsstellen zeigen, wie man Haus und Wohnung sichern kann. Auf Wunsch kommt auch ein Berater ins Haus, der an Ort und Stelle entsprechende Maßnahmen vorschlägt.

Durch ein Guckloch in der Wohnungstür, den »Türspion«, kann man sehen, ob jemand unmittelbar davor steht. Ist ein Türspion mit Weitwinkel eingesetzt, läßt sich ein größeres Blickfeld überschauen. Durch einen Türspion mit überbreitem Sichtfeld kann man jede Ecke vor der Wohnungstür, bis hinunter zur Fußmatte, einsehen. Das geht natürlich nur, wenn es im Treppenhaus hell ist.

Das Richtige wäre, wenn man von der Wohnung aus das Licht vor der Tür einschalten könnte und nicht erst ins dunkle Treppenhaus müßte. Hauseigentümern sei ans Herz gelegt, im Zuge einer Sanierung oder eines Umbaus, bei Neubau sowieso, sich darüber einmal Gedanken zu machen. Möglich wäre auch der Einsatz von Bewegungsmeldern, die das Licht so lange brennen lassen, wie sich jemand im Treppenhaus aufhält.

Die Höhe des Türspions orientiert sich am stehenden Menschen mit Durchschnittsgröße. Große bücken sich, um hindurchzuschauen, Kleine recken sich, und Kinder stellen sich vielleicht auf einen Schemel. Diese mittlere Höhe muß allen gerecht werden.

Einer Frau im Rollstuhl nützt ihr Türspion überhaupt nichts. Er ist zu hoch. Sie möchte einen zweiten darunter anbringen lassen und fragt den Hausbesitzer, der ihr jedoch eine Absage erteilt. Solches Verhalten ist nicht die Regel, aber auch nicht unbedingt die Ausnahme. »Ein Vermieter kann seine Zustimmung verweigern, doch es lohnt sich immer, wenigstens anzufragen«, sagt die Wohnberaterin. »Oft läßt sich eine Absage auch korrigieren. Man muß sich und anderen bewußt machen, daß die Wohnung kein Heiligtum ist, sondern dem Menschen dient, der sie bewohnt.«

Die Fortentwicklung der Gegensprechanlage zur Haustür ist die Videosprechanlage. Mit ihr kann man nicht nur hören, sondern auch sehen, wer geklingelt hat. Wer auf dem Minibildschirm zu wenig erkennt, dem ist vielleicht mit einem größeren Monitor an der Flurwand geholfen.

Kapitel 6

Hausflur, Treppenhaus und Hauseingang

In der Wohnung steht alles zum Besten, wie sieht es aber mit dem gemeinschaftlich genutzten Teil des Hauses aus? Wäre einiges notwendig, was bei der Standardeinrichtung nicht berücksichtigt ist? Mit Einfühlungsvermögen, Sachverstand und oft ohne großen Kostenaufwand ließe sich verschiedenes ändern. Bei Sanierung oder Neubau sollte von vornherein mitgedacht werden, damit nicht irgendwann zu viel und teuer nachgebessert werden muß.

Hausbesitzer sind verpflichtet, Mängel zu beheben, beispielsweise ausgetretene Stufen oder gelockerten Bodenbelag. Besonders ältere Menschen können Mängel im Haus schlecht ausgleichen. Dabei handelt es sich nicht unbedingt um Dinge, die den Vorschriften widersprechen und in Ordnung gebracht werden müßten, sondern um fehlende oder falsche Details des Ausbaus, um die sich normalerweise niemand Gedanken macht.

»Ich wohne in Nummer 56. Leider ist die Hausnummer nicht gut zu sehen. Deshalb müssen Sie sich an den Nachbarhäusern orientieren. Wenn ich den Türöffner drücke, müssen Sie sich fest gegen die Tür stemmen. Sie ist nicht abgeschlossen, sondern geht nur schwer auf. Und Vorsicht, vor der Haustür ist eine breite Stufe, die ist bei schlechtem Wetter glitschig, weil kein Dach über dem Eingang ist.«

Diese telefonische Wegbeschreibung war erst die halbe Mängelliste, die von der Wohnberaterin noch vervollständigt werden mußte. Doch deswegen war sie gar nicht gerufen worden, denn die ältere Dame nahm das problematische Umfeld ihrer Wohnung als unabänderlich in Kauf. Das Haus war zwar alt, aber in gutem Zustand. Die langjährigen Mieter waren mit ihm älter geworden und fühlten sich hier wohl. Früher wurde auf Einzelheiten, die sich heute nachteilig bemerkbar machen, kaum geachtet. Bei der Wohnbaugenossenschaft brachte die Wohnberaterin auch den Hauseingang aufs Tapet, und die Mängel wurden behoben.

Hausnummern sind oft nicht gut zu identifizieren. Die sichtbare Hausnummer kann unter Umständen Lebensretter sein, wenn die Besatzung von Notarzt- oder Rettungswagen nicht lange suchen muß. Eine beleuchtete Hausnummer mit Dämmerungsschalter ist auch von weitem und nachts zu erkennen. Auch die Namensschilder an den Klingeln sollten bei Dunkelheit gut lesbar und gute Ausleuchtung des Eingangsbereiches obligatorisch sein.

Wesentlich für die Sicherheit, unter jedem Aspekt betrachtet, ist die Beleuchtung im Treppenhaus. Die Ausleuchtung muß hell, aber blendfrei sein und auch die Stufen erfassen. Das Licht sollte über Großflächenschalter in 85 cm Höhe leicht zu bedienen sein, womöglich auch innen von der Wohnung aus und nicht erst vor der Tür. Das wäre eine vorbeugende Sicherheitsmaßnahme, es kann niemand im Dunkeln vor der Tür stehen, wenn man sie öffnet.
Die Lichtphasen dürfen nicht zu knapp bemessen sein. Sind sie zu kurz, kann die Zeitschaltuhr für die Treppenhausbeleuchtung auf längere Intervalle, bis das Licht nach Einschalten wieder von selbst erlischt, eingestellt werden.
Ein junger Mann mit »Gipsbein« schaffte den Weg hinauf zu seiner Wohnung nicht in der vorgegebenen Zeit. Prompt stand er mitten auf der Treppe, als das Licht ausging. Er intervenierte mit Erfolg bei der Hausverwaltung, was besonders Frau Lorenz im gleichen Haus erfreute, die nie gewagt hätte, das Manko zu reklamieren.
Bei Generalüberholung oder Renovierung eines Treppenhauses wäre überlegenswert, ob Bewegungsmelder, die selbsttätig die Beleuchtung einschalten, eingesetzt werden könnten.

Kleinigkeiten können Gefahrenquellen sein:
Die Fußmatte vor der Haustür ist in eine Aussparung eingelassen und damit bodengleich. Auch bei allen im Haus verteilten Fußmatten vor Stufen und Wohnungstüren wäre es aus Sicherheitsgründen richtig, ist aber meist nicht der Fall. Fußmatten dürfen weder Stolperfallen sein noch bei Betreten wegrutschen. Die Frage ist, ob solche Fußabtreter zusätzlich im Haus gebraucht werden oder nur daliegen, weil es so üblich ist.

Treppauf und treppab kann es einige Probleme geben, die vielleicht nicht sein müßten, würden ein paar Erkenntnisse beherzigt. Ausgetretene Stufen, vorstehende oder stark abgerundete Vorderkanten und nicht Tritt für Tritt befestigter Teppichbelag gefährden jeden, der eine Treppe benutzt. Teppichbelag auf Stufen ist ohnehin problematisch für sicheres Gehen, vor allem bei einer Gehbehinderung: Unter stumpfen Schuhsohlen hemmt ein Teppichboden. Treppauf wird ein geschwächter Fuß angehoben, über die Vorderkante der Stufe und die Trittfläche geschoben, bis er Stand hat. Bei einem stumpfen Belag ist das nicht möglich. An überstehenden Vorderkanten der Stufen bleibt die Fußspitze hängen.

Glatte, nicht rutschhemmende Stufen bedeuten für alle eine Unfallgefahr beim Hinabgehen. Glänzendes Material als Stufe oder Stufenbelag ist ebenso fehl am Platz, denn es reflektiert das Licht und blendet. Das bringt große Unsicherheit mit sich und ist dadurch gefährlich.

Wo Stufen sind, sollte es stets rechts und links einen Handlauf geben, der mindestens 30 cm über den Treppenschluß hinausführt, den man also noch sicher im Griff hat, wenn man auf dem Treppenabsatz angekommen ist. »Ein Handlauf an der Wand entlang durchs ganze Haus wäre kein Nachteil. Ab Eingang – wenn es nötig ist auch vor dem Eingang – jedenfalls bis zur letzten Tür oben und unten«, meint die Wohnberaterin. »Warum soll man den Handlauf an einem Podest enden lassen, wenn man weiß, daß er das Gehen nicht nur auf der Treppe erleichtert?«

Und noch etwas wäre sinnvoll: auf jedem Podest ein Klappsitz. Im eigenen Haus tut es auch ein Stuhl oder Hocker. An solche Dinge werde jedoch selten gedacht. »Ich will ja gern die Treppe gehen«, sagt Frau Pfitzner, »das trainiert mich, aber ich brauche unterwegs eine Verschnaufpause.«

Wendeltreppen sind ungünstig zu begehen. »Leider werden sie auch heute noch sogar in Häuser eingefügt, die vorwiegend von älteren und behinderten Menschen bewohnt werden«, sagt die Wohnberaterin, »das kann ich einfach nicht verstehen.«

Selten gibt es in Mietshäusern, wenn es keine Hochhäuser sind, einen Aufzug. Wird Treppensteigen zum Problem, verweist die

Wohnberaterin auf die vorn genannten Hilfen, denn ein Treppen-lift sei vorwiegend etwas für Privathäuser, in Treppenhäusern mit mehreren Wohnungen sei er aus verschiedenen Gründen nicht ein-zusetzen.

Beim Neubau von Mietshäusern werde mehr und mehr voraus-schauend geplant, beispielsweise variable Grundrisse und – für spätere Nachrüstung – ein Aufzug. Jedenfalls würden die bau-lichen Voraussetzungen dafür geschaffen, inklusive der notwendi-gen Bewegungsflächen vor den Aufzugtüren.

Ist schon ein Aufzug im Haus, sollte er für alle benutzbar sein. Eine zu schmale Tür schließt die Benutzung des Aufzugs mit dem Rollstuhl aus und ist auch ansonsten hinderlich. Die Wohnberate-rin: »Wenn jemand in ein Haus ziehen will, das einen Aufzug hat, dann bitte die Kontrolle, ob die Aufzugtür breit genug ist. In Zu-kunft werden alle Aufzugtüren die Mindestbreite von 90 Zenti-metern haben. Mit zwei Krücken oder Traglasten ist man ›breiter‹ als ein normaler Rollstuhl.«

Die Bedienungselemente sollten großflächig sein und waagerecht angeordnet, im Mittel 85 cm hoch angebracht und mindestens 50 cm jeweils vor Ausgang und Rückwand endend. Ein Handlauf zum Festhalten und ein Klappsitz zum Ausruhen oder zum Abstel-len schwerer Taschen gehören zur praktischen Einrichtung. Ein Aufzug läßt sich sehr gut mit solchen Dingen, wenn nicht schon vorhanden, nachrüsten.

Architekturstudenten erprobten das Leben im Rollstuhl. Sie »er-fuhren« am eigenen Leib, welche Hindernisse ihnen in den Weg gebaut waren oder woran es fehlte, um selbständig und nicht auf Hilfsbereitschaft angewiesen zu sein – und auch die hätte nicht überall genutzt.

Der Zugang zum Haus sollte möglichst stufenfrei sein. Eine Kor-rektur ist nachträglich selten möglich, es sei denn, es wird zusätz-lich eine Rampe angebaut.

Bei nur einer Stufe oder erhöhter Trittfläche vor der Tür ist ein Handlauf nicht zwingend vorgeschrieben. Trotzdem könnten Griffe rechts und links an der Wand, besser noch Handläufe bis zur Tür, nötig und nützlich sein.

Im allgemeinen ist die Haustür in das Haus zurückversetzt, und der Eingangsbereich bietet vor Wind und Wetter Schutz. Wo das nicht so ist, läßt sich nachträglich eine Überdachung montieren, um geschützt und ohne Hast die Tür aufschließen zu können.

Für schwergängige Haustüren gibt es Öffnungshilfen, beispielsweise den pneumatischen Türantrieb. (Dessen Funktion ist im Kapitel »Wohnungsflur« unter »Dreh- und Angelpunkt – die Tür« erläutert.)

Ist die Bedienungstafel der Klingeln in Greifhöhe angeordnet? Sind sie gut bedienbar durch breite Tasten? Wie steht es um die Briefkästen? Sind auch sie in Greifhöhe? Praktisch ist eine Ablage darunter.

Zum Abschluß der immer wiederkehrende Zusatz der Wohnberaterin: »Wenn wir alle menschenfreundlicher denken und handeln, bauen und gestalten würden, könnte ›barrierefreies‹ Wohnen für alle Menschen Wirklichkeit werden.« Viele Hausbesitzer und Vermieter seien einsichtig, wenn es um Verbesserungen für ältere und behinderte Menschen ginge. In manchen Städten werde vorbildlich darauf hingearbeitet, doch die Bürokratie sei oft schwerfällig, »deshalb sollte zumindest bei öffentlichen Bau- und Umbaumaßnahmen die Einhaltung der erarbeiteten Normen von der Planung bis zur Fertigstellung kontrolliert werden.« Das gleiche sollte bei jedem gelten, meint sie, der Wohnungen baut und öffentliche Mittel für alten- oder behindertengerechte Gestaltung erhalte. (Erläuterungen über »barrierefreies Wohnen« und Baunormen in der »Vorbemerkung«.)

Kapitel 7

Hilfsmittel

Vorgestellt werden in der Reihenfolge:
Gehhilfen, der Stock und Zubehör; elastische Schuhriemen; Sitzauflagen; Toilettensitze; Haltegriffe; Bademtte; Griffverlänge-
rung; Möbelgriffe; Schlüsselhelfer; Schlüsselhalter; Knopfschließer; Geräte zum Greifen; Bestecke, Teller und Becher; rutschhemmende Tischmatten; Schippe und Besen.
Hilfsmittel sind Gebrauchsgegenstände zur Erleichterung des
täglichen Lebens. Leider haftet ihnen ein negatives Image an, das
es manchmal erst zu überwinden gilt. Die Wohnberaterin versucht, diese Abneigung abzubauen. Sie hält vor Seniorinnen und
Senioren keinen trockenen Vortrag, sondern umschreibt mit launigen Worten einige Situationen, mit denen sie die richtigen Hilfsmittel und andere nützliche Dinge erklärt:

Der Stock

Viele Leute wollen keinen Stock benutzen, obwohl sie Schwierigkeiten beim Gehen haben. Eine Brille zu tragen, macht ihnen
nichts aus, Brille ist etwas Normales. Genauso selbstverständlich
einen Stock zu benutzen, daran haben wir uns noch nicht gewöhnt,
eher wird ein Oberschenkelhalsbruch riskiert. Ältere Damen nehmen statt dessen lieber einen Stockschirm. Ist er zierlich, das ge-
schlitzte Gestänge sehr dünn, dann können Sie sich etwas Gefähr-
licheres überhaupt nicht vorstellen! Wenn Sie sich darauf wirklich
abstützen müssen, bricht er unter Ihnen zusammen! Ich lege Ihnen
ans Herz, es nicht darauf ankommen zu lassen.
Machen Sie einmal Probegehen mit einem vernünftigen Stock.
Machen Sie sich damit vertraut, denn sollten Sie einen brauchen,
müssen Sie nicht erst eine innere Hürde nehmen.
Wenn Sie schon einen Stock haben, dann lassen Sie von Fachleuten beurteilen, ob er die richtige Höhe hat. Ein Gehstock aus Alu-

miniumrohr läßt sich teleskopartig verstellen. Sie haben das sicher schon einmal bei Unterarmstützen gesehen. Ansonsten werden die Stöcke im Fachhandel, im Sanitätshaus nach Bedarf in der Länge eingerichtet.

Natürlich braucht nicht jeder ab einem gewissen Alter einen Stock. Aber wer hätte bei einer Wanderung nicht gern einmal einen dabei gehabt. Dieser sieht ein bißchen nach Wildwest aus, wenn man ihn aus der Tasche zieht. (Sie hat einen Griff mit kurzem Rohr in der Hand.) Und – klack – aufgeklappt wie durch Zauberei, haben Sie einen stabilen Gehstock. Der Stock wird Ihrer Gebrauchslänge angepaßt. Er ist besser als jeder Spazierstock mit halbrund gebogenem Griff, auf dem die Hand beim Abstützen abrutschen kann. Um diesen Stock wieder zu verstauen, zieht man ihn nur auseinander und faltet ihn in die Miniform zurück. Wird Ihnen ein Gehstock verordnet, müssen Sie für diesen etwas zuzahlen, wie bei manchen Brillengestellen.

Stockzubehör

Genauso wichtig wie der richtig geformte Griff ist das Stockende. Bloß keine Metallspitze! Eine Gummikappe, deren gerillte Fläche nicht nach außen geschlitzt ist, kann eine Gefahrenquelle bei Regen sein, weil darunter das Wasser seitlich nicht abfließt, der Stock kann wegrutschen.

Es gibt raffiniertes Zubehör für Stöcke und Stützen:

Etwas größer als die übliche Gummikappe ist eine neu geformte Gehhilfenkappe. Die Lauffläche mit rutschhemmenden Nippeln greift fest auf blankgewienertem Linoleum wie auch auf sandbestreutem Asphalt. Stellen Sie den Stock senkrecht hin, bleibt er von allein stehen und fällt nicht um. Die Lauffläche sitzt auch bei schrägem Boden komplett auf, während eine einfache Kappe nur mit einem geringen Teil des schmalen Randes Bodenberührung hat und keinen Halt gibt.

Eine pfiffige Technik ist das Gelenk in der neuen Kappe, durch das der Stock abgewinkelt werden kann, wenn man zum Beispiel mit Hilfe des Stocks von einer Bank aufstehen will. Mit dem gewöhnlichen Stock kommen Sie aus dem Sitzen vielleicht nicht mehr hoch. Nun probieren Sie es mit der neuen Gummikappe daran: Sie setzen den Stock mit etwas Abstand auf, dessen Lauffläche bleibt fest auf dem Boden, während Sie sich gegen den geneigten Stock stützen und auf diese Weise leichter aufstehen können.

Bei einer anderen Manschette kann die zweiseitige Lauffläche durch einen Schnellverschluß von Sommer- auf Winterbetrieb gedreht werden. Auf der einen Seite hat sie eine Gummifläche mit Kreuzprofil. Ist Eis und Schnee angesagt, braucht man sie bei Bedarf nur umzudrehen und aufzustecken, dann ist die Lauffläche mit Spikes bestückt.

Sie machen gern Spaziergänge durch Wald und Flur, Sie gehen gern zur Wassergymnastik ins Hallenbad, aber auch mit diesem Stock ist Ihnen das nicht mehr ganz geheuer wegen des weichen Untergrunds, der glitschigen Blätter oder der nassen Fliesen. Für solche Gelegenheiten bietet sich eine handgroße Aufsatzscheibe aus Gummi mit Nippeln und Löchern an. Nun findet der Stock auf glattestem Boden Halt. Sie können sich auf ihn verlassen, er rutscht Ihnen nicht weg. Ein Handgriff, und die Scheibe ist wieder ab und wird eingesteckt, wenn man sie nicht mehr braucht.

Angenommen, Sie benutzen einen Stock mit normaler Gummikappe, der nicht von allein stehenbleibt, dann geraten Sie unweigerlich in eine Situation, die wir sicher alle kennen: Man sitzt gemütlich zusammen und weiß nicht wohin mit dem Stock. Überall ist er im Weg, meistens fällt er um. Dagegen gibt es ein einfaches Mittel, eine Klemme. Diese Klemme mit Feder zieht man auseinander und stülpt sie über den Stock. Man lehnt ihn neben sich an den Tisch und schiebt die Klemme am Stock entlang hoch bis unter die Tischkante – fest steht er.

Elastische Schuhriemen

Was macht jemand, der sich schlecht oder nicht bücken kann? Bleibt er zu Hause, weil er sich die Schuhe nicht allein anziehen und zubinden kann? Er kauft sich elastische Schuhbänder, die es in verschiedenen Längen gibt und zum leichten Einfädeln eine Spitze haben. Die Meterware ist wahrscheinlich billiger, aber dann muß man zum Einfädeln fingerfertig sein oder sich helfen lassen.

Man fädelt die elastischen Schuhriemen ein, bindet sie gut zu und schlüpft mit einem langen Schuhlöffel in die Schuhe. Die Schnürung gibt beim An- und Ausziehen nach.

Auflagen für Sitze

Das Sitzpolster sieht aus wie jedes andere von gleicher Größe, ist jedoch aus einem ganz besonderen Schaum, nicht aus dem üblichen Material. Liegt ein Bleistift auf dem Polster, und Sie setzen sich aus Versehen drauf, merken Sie den Gegenstand nicht, denn er sinkt bei Druck in den Schaum ein. Ein fester Gegenstand kann also keinen Schaden anrichten. Wenn Sie sich erheben, liegt er wieder auf der Oberfläche.

Beim Sitzen entstehen Falten an der Bekleidung. Durch langes Sitzen können sie auch Druckstellen am Körper und dadurch Probleme an der Haut verursachen. Bisher behalf man sich mit Luftkissen und Wasserkissen oder der teuren Kombination von beidem, die den Nachteil der Unstabilität des Wasserkissens ausgleicht. Kissen mit einer Kunststoffhaut erzeugen zu viel Wärme und Feuchtigkeit am Körper. Da gibt es eher wunde Stellen als bei diesem stoffbezogenen Schaum, der übrigens bei Gewichtsverlagerung sofort in seine Form zurückgeht.

Leider kennt das Kissen kaum jemand. Dabei wäre vielen damit geholfen, die nur schlecht sitzen können oder falsch sitzen auf zu niedrigen Stühlen oder in Sesseln, die alles andere, nur nicht körpergerecht sind.

Eine Sitzschale aus Formholz, leicht und zusammenklappbar, ist sogar ideal für unterwegs. Rückenteil und Sitzfläche sind durch Lederriemchen miteinander verbunden. Die Sitzschale ist also kein starr gewinkeltes Element, sondern paßt sich der Sitzgelegenheit an. Sie hat einen Bezug, den man abnehmen und in die Waschmaschine stecken kann.

Diese Sitzschale stammt aus einer Fabrik, die Kindermöbel herstellt. Die kleinere Form ist für behinderte Kinder gedacht, die Unterstützung beim Sitzen brauchen. Dann hatte man die Idee, warum eine solche Sitzschale nicht auch für Erwachsene produzieren, die Probleme beim Sitzen haben. Sie verhindert oder mindert bestimmte Rückenbeschwerden. Wenn Sie Rückenschmerzen haben, fragen Sie den Arzt, ob er die Sitzschale verschreibt, und die Krankenkasse, ob sie bezahlt, oder leisten Sie sich prophylaktisch den Luxus selbst, besser zu sitzen.

Toilettensitzpolster

Reden wir von einem gewissen Örtchen. Auch hier sitzt man in der Regel als älterer Mensch nicht gut und kommt schlecht wieder hoch, weil die meisten Toiletten zu niedrig sind.
Nun gibt es eine Auflage aus weichem Material, das porendicht, also hygienisch ist. Sie wird auf die vorhandene Klobrille aufgesetzt und verrutscht nicht. Besonders für Kälteempfindliche ist die Wärme des Materials wohltuend. Durch die Auflage wird der Sitz um etwa drei Zentimeter erhöht, was kein Fehler ist, wie schon gesagt. Nachteil ist, daß man den Toilettendeckel nicht mehr schließen kann.

Der körperfreundlich geformte Toilettensitz

Eine Menge Leute müssen am stillen Örtchen länger ausharren. Das macht die Sitzung auf der üblichen Klobrille, die zur Schlichtausstattung gehört, zum Problem. Ideal ist der Toilettensitz, dessen Sitz und Deckel körperfreundlich geformt sind. Man braucht nicht andauernd nach vorn gebeugt zu sitzen, sondern kann sich an den hochgeklappten Deckel anlehnen.

Haltegriffe

Sagen Sie nicht, ein Griff ist ein Griff. Fallen Sie nicht auf den falschen herein, und wenn er noch so wertvoll aussieht. Verchromtes Metall, nasse Hände und ein bißchen Seife daran, dann rutschen Sie unweigerlich ab. Meistens sind die Griffe auch viel zu dünn, um sie richtig zu umfassen. Das bietet keinerlei Sicherheit!

Sogar in Krankenhäusern und Altenheimen habe ich nicht empfehlenswerte Griffe angetroffen. Nehmen Sie sich das bitte nicht als Vorbild in der Meinung, dort wisse man es schließlich besser.

Haltegriffe neben Badewanne, Dusche und Toilette sind bei der Ausstattung von Altenwohnungen Vorschrift. Es ist Glückssache, wenn ein Haltegriff von vornherein wirklich dort sitzt, wo er gebraucht wird. Denn je nach Körpergröße oder eingeschränkter Beweglichkeit wäre er, an einer anderen Stelle angebracht, vielleicht effektiver. Wenige Zentimeter rauf, runter oder seitwärts entscheiden manchmal darüber, ob sich jemand wirklich festhalten kann oder nicht.

Wenn ich eine Wohnungsanpassung vornehme, muß ich mich am Menschen orientieren, nicht nur an den baulichen Gegebenheiten. Sagt der Sohn beispielsweise, meine Mutter kommt morgen aus der Klinik, wo soll ich die Griffe im Badezimmer anbringen? Dann muß ich passen, verschiebe einen anderen Termin und bin am nächsten Tag wieder dort, um die Griffe genau an die Stelle zu setzen, wo sie hinmüssen. Das ist manchmal schwer verständlich zu machen.

Bei zwei Familienmitgliedern kann es unter Umständen notwendig sein, zwei Griffe in einem Bereich anzubringen, damit für jeden der Halt erreichbar ist. Ich höre immer wieder, du liebe Zeit, das würde ja bedeuten, es werden noch mehr Löcher in die Fliesen gebohrt. Dann kann ich nur antworten, denken Sie darüber nach – wir dürfen niemals der Sklave unserer Fliesen sein, es geht um die Sicherheit!

Und nun zum praktischen Haltegriff. Er besteht aus Kunststoff, nicht aus Metall, und hat die Form eines Bumerangs. Das heißt, er ist nicht gerade, sondern weich abgeknickt. Dadurch gibt er in verschiedenen Reichweiten Halt und übernimmt oft die Funktion von zwei Griffen. Man kann ihn in jeder Richtung, wie er gebraucht wird, montieren. Der Griff ist handlich durch seinen flach abgerundeten Querschnitt und rutschhemmend, weil er geriffelt ist. Das Material faßt sich warm an. Dieser Griff aus dem Sanitätsgeschäft kostet das gleiche wie ein glatter Metallgriff, den ich ganz bestimmt nicht empfehle.

Die Begriffe Sanitärgeschäft und Sanitätsgeschäft werden manchmal verwechselt, denn sie klingen ähnlich. Im Geschäft für Sanitäreinrichtungen finden Sie Dinge für Bad und WC zur Hygiene und Körperpflege, beispielsweise auch Haltegriffe – aber nicht diesen Haltegriff. Im Geschäft für Sanitätsartikel finden Sie vorwiegend Dinge für Krankenversorgung und Krankenpflege. Beide Geschäftsbereiche dienen auf ihre Weise der Gesundheit. Jeder hat sein bestimmtes Sortiment, manchmal das gleiche, manchmal in unterschiedlicher Ausführung.

Im Fachhandel passiert es auch mir leider allzu oft, daß wider besseres Wissen gesagt wird: Was Sie wollen, das haben wir nicht, und das gibt es nicht. Wenn Sie etwas Bestimmtes wollen, dann bleiben Sie hartnäckig auf der Suche. Es kann sein, daß Kundin und Kunde im Geschäft erst darauf aufmerksam machen müssen, was an praktischen Dingen im Handel ist. Einsichtige Geschäftsleute werden sich darum bemühen oder das eine oder andere vielleicht ins allgemeine Angebot aufnehmen oder auf eine andere Branche verweisen – siehe Sanitärhandel, siehe Sanitätshaus.

Badematte

Man braucht nicht alt, krank oder behindert zu sein, um diese Badematte nützlich zu finden. Man kann nämlich, auch wenn man jung, flink und gesund ist, vor der Badewanne verunfallen, wenn eine Matte unter einem wegrutscht. Das tut diese Badematte nicht, obwohl sie leicht ist und fast so dünn wie ein Frottiertuch. Wer gern verreist, sollte diese Badematte unbedingt im Köfferchen mitnehmen. Sie gibt Standfestigkeit im Bad und auf glatten Zimmerböden. Oder Sie steigen aus dem Bett, barfuß auf die eigene Matte und berühren nicht den fremden Teppichboden. Die Badematte hat eine rutschhemmende Unterseite, ist waschmaschinenfest und in mehreren Farben erhältlich.

Verlängerungsgriff

Was macht jemand, der den Arm nicht hoch genug bekommt, um sich zu kämmen? Er benutzt diesen Verlängerungsgriff aus biegsamem Kunststoff mit geriffeltem Griff. Vorn kann man einen Stielkamm hineinstecken oder ein Bürstchen mit Stiel. Nun winkele ich die Verlängerung leicht ab und kann mich kämmen, ohne den Arm weit hochheben zu müssen. Nach einem Vortrag hat mir eine alte Dame einmal erzählt, sie habe sich ein paar Frottiersäckchen für den Verlängerungsgriff genäht. Wenn sie sich eincremen will, stülpt sie eins drüber und bindet es fest. Damit käme sie auch an Fersen und Schienbeine. Man muß sich nur zu helfen wissen, dann kann man vieles allein.

Möbelgriffe

Ich halte auch Vorträge bei Architekten oder Ingenieuren, die entwerfen, planen oder für die Herstellung verantwortlich sind. Zur Demonstration nehme ich ein Brett mit, auf dem die unterschiedlichsten Möbelgriffe montiert sind. Anhand dieser Modelle mache ich folgendes deutlich: Mancher Griff verdient diese Bezeichnung nicht, denn Sie können ihn überhaupt nicht greifen.
Den einen Holzgriff werden Sie an vielen Schränken entdecken, wenn Sie durch die Geschäfte gehen. Treten Sie näher, fassen Sie richtig zu. Unmöglich, werden Sie sagen, weil der Griff zu wenig Abstand zum Holz hat. Sie müssen ihn mit spitzen Fingern greifen, um eine Tür oder Schublade zu öffnen.
Stellen Sie sich eine rheumatische Hand oder eine Hand mit Arthrose vor – dieser Griff behindert das Öffnen einer Schranktür oder Schublade. Der andere Griff ist etwas größer und hat auch mehr Abstand zur Holzplatte, auf die er aufgeschraubt ist. Trotzdem können Sie die Finger nicht hineinhängen, um zu ziehen, weil er zu schmal ist.
Der optimale Griff ist breit genug für die Hand und bietet genü gend Spielraum für die Finger. Selbst wenn Sie sich eine Verletzung zugezogen und einen Finger bandagiert haben, kommen Sie mit diesem Griff zurecht.

Vielleicht sagen Sie, den Griff will ich nicht, der paßt nicht zu meiner Kommode. Wenn Sie trotz der Knöpfe daran, die ganz schlecht anzufassen sind, die Schubladen öffnen können, ist das in Ordnung. Doch wenn das nicht mehr geht, müssen Sie den Mut haben, sie auszutauschen oder jemanden finden, der das für Sie macht. Jetzt sind zwar kleine Löcher im Holz, wo vorher die Knöpfe saßen, aber die kann man mit Holzkitt in der passenden Farbe füllen.

Schlüsselhelfer

Minimale Drehbewegungen verursachen oft Schmerzen in den Händen. Besonders kleine Schrankschlüssel sind schlecht zu greifen und zu bewegen, wenn die Finger nicht mitspielen. Dafür gibt es einen Drehgriff, der gut in der Hand liegt. Federnde Stifte daran stülpen sich über den flachen Schlüssel, der im Schloß steckt. Durch Drehen des Griffs lassen sich Schlüssel oder kleine Drehknöpfe auch von schwachen oder behinderten Händen bewegen. Nach diesem Prinzip arbeiten Drehgriffe verschiedener Ausführung.

Schlüsselhalter

Kleine Schlüssel verkramen sich gern in der Tasche trotz Anhänger oder Mäppchen. Den weißen Schlüsselhalter, etwa so groß wie ein Taschenmesser, in den die Schlüssel eingeschraubt sind, übersehen Sie nicht. Der Clou daran aber ist, daß Sie damit besser aufschließen können, weil Sie nicht den kleinen Schlüssel zwischen die Finger nehmen müssen. Sie klappen den Schlüsselbart nach vorn und schließen mit dem Schlüsselhalter in der Hand auf.

Knopfschließer

In vielen kleinen Dingen kann man selbständiger sein, hat man das entsprechende Hilfsmittel. Knöpfe zu schließen, kann ein Problem sein, bei dem man täglich Hilfe braucht – oder einen Knopfschließer mit handlichem Griff. Daran ist eine schmale, lange Drahtschlaufe, die man durch das Knopfloch steckt, über den Knopf schiebt und dann zurückzieht. Fertig zugeknöpft.

Geräte zum Greifen

Viele bettlägerige Menschen bekommen ein zangenähnliches Greifgerät verschrieben. Wenn Sie ins Fachgeschäft gehen und sich beraten lassen, dann sehen Sie sich diese Greifhilfen genau an und probieren Sie sie aus, denn: Die eine Greifhilfe greift nicht richtig, was Sie aufheben wollen. Für die andere müssen Sie so viel Kraft aufwenden, die Sie vielleicht nicht haben, damit der Greifer sich überhaupt öffnet. Die dritte ist zu lang, ich kann das, was ich aufgehoben habe, nicht in meiner Greifnähe ablegen oder mit der anderen Hand fassen. Die vierte ist zu kurz, da kippt man aus dem Bett oder vom Stuhl, wenn man etwas damit aufheben will.
Sinnvoller ist eine Greifhilfe aus stabilem Kunststoff und in einer passablen Länge. Sie ist leicht zu bedienen und hält den Gegenstand fest, den man zu sich heranholen will. Sie ist für mich momentan die Nummer eins. Wenn jemand etwas Besseres anbietet, dann wird sie an die zweite Stelle gerückt.

Bestecke, Teller, Becher

Wenn man Bewegungsschwierigkeiten bekommt, fällt einem auf, was die Körperglieder beim Essen, Trinken, Arbeiten und Greifen sonst alles automatisch getan haben. Selbst essen zu können, anstatt sich füttern lassen zu müssen, ist ein Erfolgserlebnis und entlastet die Pflegekraft. Für verschiedene Arten der Behinderung gibt es unterschiedliche Messer, Gabeln und Löffel, von denen ich Ihnen einige vorstelle. Halten Sie im Sanitätshaus danach Ausschau, welches Einzelteil im Bedarfsfall am praktischsten ist. Im Fachgeschäft für Haushalt oder Bestecke werden Sie kaum fündig.

Die für Schwerbehinderte gestalteten Bestecke haben eine gute funktionelle Form. Sie helfen auch einem Menschen, der nur zeitweilig manuelle Fähigkeiten eingebüßt hat. Da ist zunächst wieder einmal der richtige Griff entscheidend. Kunststoffgriffe sind warm und rutschfest, Metallgriffe dagegen kalt, entgleiten der Hand und sind oft zu dünn.

Die Kunststoffgriffe sind kompakter als bei üblichen Bestecken. Wer seine Finger nur wenig krümmen kann, hat damit vielleicht die Möglichkeit, wieder selbständig zu essen. Griffrillen – oder wie bei dem Messerheft die Vertiefung, in die man zum besseren Druck den Zeigefinger hineinlegt – erleichtern die Handhabung.

Die Gabel hat außer Zinken eine gewölbte Fläche, Erbsen kullern nicht herunter.

Bei einem meiner Vorträge probierte ein älterer Herr eine Gabel mit Tellerklemme aus. Jahrzehntelang war er auf Hilfe beim Essen angewiesen. Eßgerechte Häppchen mußten ihm vorgeschnitten werden, weil er nur eine Hand gebrauchen kann. Nun kommt er allein zurecht.

Man braucht jedoch Kraft in den Fingern, um sie am Tellerrand anzuklemmen, nachdem man etwas aufgespießt und nun die Hand frei zum Schneiden hat. Dann klemmt man die Gabel wieder ab und ißt weiter. Eine tolle Erfindung für Einhänder, aber das Problem, daß die Gabel zwar am Tellerrand festsitzt, die Klemme jedoch leichtgängig, ist noch nicht gelöst.

Der kleine Moritz hat sich beim Turnen die Hand verstaucht. Mit dem abgewinkelten Löffel, den es für Rechts- und Linkshänder gibt, kann er löffeln, ohne das Handgelenk abknicken zu müssen.

Flache Teller mit einem Innenrand, gegen den man die Speise anschieben kann, sorgen dafür, daß man leichter etwas auf die Gabel oder den Löffel bekommt. Die Teller gibt es in verschiedenen Formen und Farben.

Die zylindrische Bechertasse gefällt mir besonders gut in ihrer modernen Formgestaltung. Sie hat keinen Henkel, sondern zum besseren Greifen eine Einbuchtung im Fuß. Sie umfassen den Becher, und der kleine Finger findet zur Unterstützung in der Einbuchtung Platz. Der Becher ist isoliert, wird also nicht heiß und ist standfest.

Rutschhemmende Tischmatte

Platzdeckchen oder Sets sind Ihnen bekannt, die rutschfesten möglicherweise nicht. Auch wenn die Oberfläche naß wird, verschiebt sich das Geschirr darauf nicht, selbst wenn Sie es auf einem Tablett tragen.
Diese Unterlage gibt es in diversen Größen, Farben und Formen und als Meterware in verschiedenen Breiten. Eine solche Matte unterm Teller am Eßplatz, und er verrutscht nicht mehr. Wenn Sie einen Basteltisch damit belegen, gelingen knifflige Fingerarbeiten zur Therapie auf der rutschhemmenden Unterlage viel leichter.

Schippe und Besen

Leidiges Bücken mit Schaufel und Handfeger kann man sich mit der Kehrgarnitur, die längere Stiele hat, ersparen. Die Schippe hat eine Klappe, damit das Aufgekehrte bis zum Wegkippen nicht wieder herunterfällt. Diese Garnitur habe ich auch in einigen Warenhäusern entdeckt, mit Sicherheit gibt es sie im Sanitätsgeschäft.

Noch einige Worte zum Schluß. Wenn Sie das eine oder andere auch nicht selbst brauchen, so können Sie die Information jedoch weitergeben. Es ist falsch, sich vor Einschränkung durch körperliche Minderleistung zu fürchten. Sie muß ja nie eintreten und wenn doch, finden sich oft Wege, sie aufzufangen. Dann muß man sich auch trauen, zu sagen: Ich brauche Hilfe, ich brauche Hilfsmittel oder beides.
Im Sanitätsgeschäft erhält man eine Menge Dinge, die für den Alltag nützlich sind, aber es besteht eine gewisse Hemmschwelle, sich dort nach Praktischem zu erkundigen. Versuchen Sie's trotzdem, auch wenn Sie sich überwinden müssen.

Es gibt eine große Anzahl von Hilfsmitteln für zu Hause. Wählen Sie unter den Angeboten das Richtige aus, denn niemand weiß besser als Sie selbst, wie weit Sie zum Beispiel den Arm bewegen können. Verlieren Sie die Scheu, kritisch zu sein und nicht mehr alles unbedenklich zu akzeptieren. Es gibt heute schon gute Geräte, vielleicht demnächst noch bessere.

Kapitel 8

Handwerker in der Wohnung

Zusammenfassung eines Interviews mit Christa Osbelt:

Wohnungsanpassung kann aus Hinzufügen oder Veränderung einer Kleinigkeit bestehen, aber auch größere Maßnahmen erfordern. Wie organisieren Sie den Ablauf, und wie erklären Sie den vorwiegend älteren Menschen, was auf sie zukommt?

Der Gedanke, daß Handwerker in die Wohnung kommen, verschreckt ältere Menschen immer. Ich habe das bisher nicht anders erlebt. In der Beratung kann ich ihnen jedoch die Angst davor nehmen, weil ich erläutere, wie wir vorgehen.

Eine Handwerkerin oder einen Handwerker in die Wohnung zu holen, das bedeutet fach- und sachgerechte Hilfe für etwas, was man nicht selbst tun kann. Der normale Arbeitsablauf bringt ein bißchen Umtrieb, doch die vielleicht kurze Zeit des Hämmerns oder Bohrens geht vorbei, und hinterher hat man es so, wie es sein soll – praktischer als zuvor.

Bei meinem ersten Besuch in einer Wohnung kläre ich, was gemacht werden muß. Beim zweiten Besuch, nehmen wir an, es ist eine Anpassung im Bad, ist der Installateur dabei und notiert sich alles. Ein Angebot wird erstellt und die Finanzierung geklärt. (Näheres im Kapitel »Finanzierung«.) Selbstverständlich muß bei Umbauten das schriftliche Einverständnis des Vermieters vorliegen.

Bevor etwas in Angriff genommen wird, werden Lieferungs- und Arbeitstermine koordiniert. Das ist wichtig, denn es soll alles so reibungslos wie möglich verlaufen. Sind mehrere Betriebe an einer Umbaumaßnahme beteiligt, dann stimmen sie ihre Termine gegenseitig ab. Werden Lieferungen verschiedener Hersteller erwartet, wird mit den Arbeiten in der Wohnung erst begonnen, wenn alle Bestellungen am Lager der Handwerker eingetroffen sind.

Man kann den Menschen nicht zumuten, über längere Zeit auf einer ›Baustelle‹ zu leben, weil ein Zubehör wegen längerer Lieferfristen noch fehlt. Man kann ihnen nicht zumuten, zwar eine neue Toilette zu haben, aber noch keinen Toilettensitz. So fangen wir gar nicht erst an.

Vor und nach solchen Arbeiten ist in der Wohnung noch etliches zu erledigen. Berücksichtigen Sie das, wenn offensichtlich ist, daß die Bewohner es nicht selbst bewerkstelligen können?

In solchen Fällen versuche ich, weitere Hilfsmöglichkeiten einzukalkulieren oder zu regeln. Ich erkundige mich danach, ob Angehörige, Bekannte oder Nachbarn bereit sind, in der Wohnung zu sein, wenn die Handwerker kommen. Wenn ich aber merke, daß es auf dem Sektor Hilfe Probleme gibt, dann setze ich mich mit der Sozialarbeiterin oder dem Sozialarbeiter des Wohnbezirks in Verbindung, um stundenweise Hilfe zu organisieren.

Steht der Termin des Arbeitsbeginns fest, erhält die Mieterin oder der Mieter Bescheid, um rechtzeitig fortzuräumen, was eventuell im Weg ist und nach Abschluß der Arbeiten wieder an seinen gewohnten Platz gestellt wird. Natürlich kann es bei verschiedenen Arbeiten Flugstaub geben, der beseitigt werden muß.

Die Handwerker arbeiten zuverlässig und sauber. Sie decken ab, was abzudecken ist. Sie hinterlassen kein Chaos. Selbstverständlich nehmen sie die ausgewechselte Toilette mit und stellen sie nicht vors Haus neben die Mülltonne. Oder sie lagern bauseits ein, was zur Wohnung gehört und bei Auszug wieder montiert werden soll.

Trotzdem könnte die Wohnungsanpassung unschöne Spuren hinterlassen. Machen Sie vorher darauf aufmerksam, was noch zu tun ist?

Ein Umbau, etwa bei einer Türverbreiterung, macht auch eine Schönheitsreparatur nötig. Manchmal muß die Wand nur um die Tür herum geweißt oder mit noch vorhandenen Tapeten nachgeklebt werden. Meistens jedoch wollte man sowieso irgendwann renovieren lassen, hatte es aber immer wieder aufgeschoben. Dann wäre nach der Wohnungsanpassung der passende Zeitpunkt gekommen. Um die Schönheitsreparatur anzugehen, kann man sich auch noch nach dem Umbau ein bis zwei Monate Ruhe gönnen. Dann ist die Motivitation da und man hat wieder Lust, es in der Wohnung schön zu haben. Denn nach der Wohnungsanpassung kann man sich ja endlich wieder in ihr bewegen.

Das klingt alles recht beruhigend und erfreulich. Doch wie finden Sie die Handwerker, die sensibel auf dem Gebiet Wohnungsanpassung vorgehen?

Wir haben einen Stamm von ausgesuchten Handwerksbetrieben, mit denen wir ständig kooperieren. Ausgesucht nach Kostenvergleich, Fähigkeiten und nicht zuletzt Mitarbeitern, die vor Ort mit alten oder behinderten Menschen umgehen können. Das ist nicht jedem gegeben.
Es ist wunderbar, mit eingespielten Handwerkern zusammenzuarbeiten. Das spürt auch die alte Dame, die sie zunächst sehr ängstlich erwartet hat. Plötzlich schaut sie fasziniert zu, was da für sie getan wird. Ich habe noch nie erlebt, daß die Umbauarbeiten als Horror empfunden wurden. Im Gegenteil, die Handwerker haben eine neue Kundin gewonnen, die anrufen wird, wenn in der Wohnung wieder etwas zu machen ist. Auch die Handwerker kennen dann schon ihre Leute und wissen, was zu tun ist.
Das liegt am Verständnis der Handwerker für die Probleme und Nöte dieser Menschen, das neue Sehen und Mitdenken, wenn sie etwas umbauen, installieren und montieren. Daß sie sich fragen, wie würde es funktionieren, wenn ich auf diese oder jene Weise behindert wäre. Es muß für sie nachvollziehbar sein, was ein Mensch mit Funktionsminderung braucht. Vielleicht muß auch nur etwas anders angeordnet werden, als es üblicherweise gemacht wird.

Das würde bedeuten, daß nur Handwerker für diese Aufgabe geeignet sind, die sich auf dem Gebiet der Wohnungsanpassung auskennen oder kundig machen. Ist das so schwierig?

Viele Dinge, die wir in Wohnungen einbauen ließen, waren den Handwerkern der verschiedenen Fachrichtungen nicht geläufig. Noch weniger war ihnen bewußt, daß die üblichen Maße für den Einbau oder das Anbringen für den betreffenden Menschen falsch sein können. Heute brauche ich dem Stab der Handwerker, mit denen ich zusammenarbeite, nicht mehr jedes Detail zu erklären. Es sitzt schon in den Köpfen, nach der bestmöglichen Lösung zu

114

suchen, auch was die Weiter- und Neuentwicklungen der einzubauenden Teile betrifft.

Durch ihre Arbeit für uns und die Zusammenarbeit mit mir erfuhren sie so etwas wie eine zweite Schulung. Es wäre wünschenswert, daß menschengerechtes – und ich sage bewußt nicht: altengerechtes oder behindertengerechtes – Bauen und Umbauen in den Lehrplan aller Fachbereiche der Berufsschulen aufgenommen würde, so wie es der Berufsverband der Architekten für Hochschulen und Fachhochschulen fordern will.

Installateure, Schreiner, Maurer und Verputzer, Elektriker, Fliesenleger, Maler und Tapezierer und auch andere Sparten betreten auf ihrem Gebiet bei Wohnungsanpassung Neuland. Haben sie sich in diesem Neuland kundig gemacht, sind sie die idealen Handwerker, um eigenständig auf diesem Gebiet weiterzuarbeiten. Sie haben etwas dazugelernt, was sie nicht wieder vergessen werden und überall gebrauchen können.

Woher soll man nun wissen, welcher Betrieb geeignete Handwerker für Wohnungsanpassung hat?

Einige Firmen sind schon dazu übergegangen, für behinderten- und altengerechte Ein- und Umbauten und Hilfsmittel zu werben; sie bieten individuelle und kostenlose Beratung an. Auch Handwerksbetriebe, die das nicht besonders herausstellen, können auf diesem Gebiet sachverständig und erfahren sein, da muß man eben nachfragen. Es ist aber auch möglich, daß die Hausbesitzer selbst Handwerker haben, die in der Sache bewandert sind.

Geringfügige Reparaturen oder Montagen werden oft in Nachbarschaftshilfe oder von einem Familienmitglied vorgenommen. Denn Kleinigkeiten in der Wohnung zu verändern, zu montieren oder zu installieren, ist meist für Betriebe unrentabel. Manche Verbände oder Gemeinden haben versierte Helfergruppen, die kleinere handwerkliche Arbeiten ausführen. Für diese sinnvolle Betätigung suchen sie auch rüstige Rentner zu gewinnen. Wer immer auch tätig wird, muß jedoch wissen, welche technischen Elemente oder Objekte in ihrer Funktion für Betroffene optimal sind, und sich stets orientieren, was es Neues gibt. Sie müssen zum Beispiel auch wissen, auf welche Weise montiert, ein winklig geformter Haltegriff den besten Effekt erzielt.

Umsichtig zu Werke gehen – und schon wäre vielen geholfen. Aber hätten Sie zur Vereinfachung nicht doch ein paar allgemeine Tips?

Es kann für Wohnungsanpassung keinen Maßnahmenkatalog geben, der für alle Wohnungen und jeden Menschen Gültigkeit hat. Die Gegebenheiten und Notwendigkeiten erfordern individuelle, handwerkliche Arbeit. Dadurch werden Behinderungen erträglich gemacht, gemildert – oder sogar aufgehoben, wenn sie durch hinderliche Ausrüstung der Wohnung »hausgemacht« sind.

In einem Fall konnte eine Frau, nachdem sie Monate im Heim verbracht hat, wieder selbständig in einer ihrer Behinderung angepaßten Wohnung leben. Ihre alte Wohnung hatte sie aufgeben müssen, weil damals niemand daran gedacht hatte, daß eine Wohnungsanpassung möglich ist.

Kapitel 9
Finanzierung

Eine Wohnung den Erfordernissen älterer oder behinderter Menschen anzupassen, verlangt oft nur ein paar kräftige Arme beim Umorganisieren, geschickte Hände für kleinere Reparaturen und Montagen oder den Einsatz von Hilfsmitteln. Es kann aber auch sein, daß mehrere oder größere Anpassungsmaßnahmen nötig sind bis hin zu Türverbreiterungen, also Umbauten.

An manchen Orten nehmen Hilfsorganisationen durch handwerkliche Mitarbeiter geringfügige Veränderungen kostengünstig vor. Vielleicht bedarf es lediglich der Rücksprache mit der Hausverwaltung, die Verbesserungen in der Wohnung durchführt, ohne sie gleich auf die Miete aufzuschlagen.

Hilfsmittel, die ärztlich verordnet werden, zahlen in der Regel Krankenkassen oder andere Sozialleistungsträger.

Wer nicht über ausreichendes Einkommen oder Rücklagen verfügt, um eine Wohnungsanpassung aus eigener Tasche zu bezahlen, sollte vor Beginn einer Maßnahme beim zuständigen Sozialamt fragen, wo und in welchem Rahmen Zuschüsse zu erhalten sind.

In einigen Städten – zum Beispiel Bremen, Düsseldorf, Frankfurt, Hannover, München, Münster, Stuttgart – wurden Finanzierungsprogramme aufgelegt, die Betroffene (Mieter oder Eigentümer) unterstützen oder Vermietern (Eigentümern) Zuschuß gewähren. Die Bewilligung von Fördermitteln orientiert sich an unterschiedlichen Richtlinien, die zum einen die förderungswürdige Wohnung betreffen und zum anderen entweder ältere und/oder behinderte Bewohner. Eine allgemeingültige Aussage läßt sich daraus leider nicht ableiten. Man muß sich bei der jeweiligen Stadt- oder Kreisverwaltung erkundigen, ob es ein Finanzierungsprogramm gibt, das sowohl unter dem Stichwort »alten- und behindertengerechte(-freundliche) Anpassung«, »Seniorenwohnung« als auch »Modernisierung« laufen kann und wie es gehandhabt wird.

Wohnberatung, Hilfe bei der Durchführung der Anpassungsmaßnahmen und Prüfung der Förderungsanträge am Beispiel München:

In Zusammenarbeit mit dem Kuratorium Deutsche Altershilfe (KDA) wurde die Beratungsstelle »Wohnungsanpassung für ältere Menschen« aufgebaut. Sie ist Teil eines umfassenden Gesamtkonzepts kommunaler Altenarbeit und für Menschen ab 60 Jahren bestimmt, bei denen Hilfs- beziehungsweise Pflegebedürftigkeit vorliegt. Beratung ist unabhängig vom Einkommen und kostenfrei. Vor finanzieller Förderung durch das Programm Wohnungsanpassung werden andere Möglichkeiten der Finanzierung geprüft: Eigenmittel, Krankenkasse, Bundessozialhilfegesetz, Stiftungen, Programme der Landesregierung, zum Beispiel das Bayerische Modernisierungsprogramm bei Wohneigentum und das städtische Mietermodernisierungsprogramm. Natürlich wird auch beim Vermieter nachgefragt, ob er von sich aus etwas zur Wohnungsanpassung beiträgt. (Umbaumaßnahmen setzen das schriftliche Einverständnis des Vermieters voraus.) Bei größeren unterschiedlichen Anpassungsmaßnahmen in einer Wohnung – von Hilfsmitteln bis Umbau – ist manchmal Mischfinanzierung durch mehrere Finanzträger angezeigt.

Anreiz für Vermieter, Haus und Wohnungen entsprechend herzurichten, am Beispiel Hessen:

»Die angemessene Wohnraumversorgung älterer Menschen gehört zu den vordringlichen Aufgaben. Wohnungen für ältere Menschen sollen baulich so gestaltet sein, daß diese darin möglichst lange einen eigenen Haushalt führen sowie selbständig und unabhängig leben können. Zu diesem Zweck gewährt das Land Zuschüsse zur alten- und pflegegerechten Ausstattung von neuzuschaffendem oder vorhandenem Wohnraum.« Diese Zuschüsse gibt es nur für Miet- und Genossenschaftswohnungen, nicht für Eigenheime und eigengenutzte Wohnungen. Gefördert werden eine ganze Reihe von aufgelisteten Maßnahmen und weitere in begründeten Einzelfällen.

Zuschüsse gibt es für folgende zusätzliche Einrichtungen und Ausstattungen: Türen mit einer lichten Breite von mindestens 85 cm; Wohnungseingangstüren im Lichten mindestens 90 cm breit; bauliche Voraussetzungen zum Aufstellen des Bettes schaffen, daß beide Längsseiten frei zugänglich sind und die Betreuung einer bettlägerigen Person möglich ist; Schaffung von Bewegungsflächen in den Sanitärräumen und vor den Ausstattungseinrichtungen, die eine altersgerechte Pflege, Betreuung und Hilfe ermöglichen.

Insbesondere werden zum Beispiel gefördert: Aufzug; Gestaltung der Außenanlagen mit Rampen und Sitzplätzen; Sicherheitsbeleuchtung in Treppenräumen und zusätzlicher Handlauf; Ruf- und Gegensprechanlage; zusätzliche Kücheneinbaumöbel; rutschhemmende Böden in Baderäumen und Küchen; Temperaturbegrenzer in Armaturen.

Die geförderten Wohnungen dürfen nur mit Dauermietvertrag und nur an Personen über 60 Jahre (bei Paaren auch mit jüngerer Partnerin oder jüngerem Partner) vermietet werden. Weitere Förderung von Modernisierungsmaßnahmen ist nach einem anderen Programm des Landes möglich.

Die Wohnberaterin: »Es ist zu hoffen, daß das bereitgestellte Geld auch von Hausbesitzern und Wohnbaugenossenschaften abgerufen und nutzbringend eingesetzt wird.«

Nimmt ein Vermieter (Eigentümer) Modernisierung oder Wohnungsanpassung ohne zweckgebundene Mittel vor, hat das bei größeren Veränderungen oft zur Folge, daß die Miete erhöht wird. Die Mieterhöhung kann bei Mietern mit niedrigem Einkommen durch Wohngeld vom Sozialamt aufgefangen werden.

Wohnungsanpassung und Finanzierung am Beispiel Wiesbaden: »Beratungsstelle für behinderten- und altengerechtes Planen, Bauen und Wohnen« beim Sozialamt der Stadt. Kostenlose Wohnberatung, Organisation von Handwerkern und Klärung der Finanzierung.

Werden Maßnahmen zur Wohnungsanpassung aus Mitteln der Sozialhilfe finanziert (§ 30 und § 40 BSHG), bleiben die eingefügten Gegenstände Eigentum des Sozialamtes. Im Mietvertrag muß verankert sein, daß die Miete wegen der Verbesserung nicht angehoben wird. Es kann auch sein, daß der Hausbesitzer einen Teil der Kosten für die Wohnungsanpassung trägt oder sie vollständig übernimmt. Möglicherweise hat er selbst Handwerker, die dann nach dem Konzept der Wohnberaterin arbeiten.

Sie sagt: »Jede Wohnungsanpassung, die wir vornehmen, ist generell eine Verbesserung der Wohnung, auch für nächste Mieterinnen und Mieter. Vorher muß geklärt sein – warum müssen wir die Wohnung anpassen, und wie machen wir es optimal. Wenn das vor dem Hausbesitzer richtig formuliert ist, zeigt er sich meist einsichtig. Nimmt er Landesmittel zur Modernisierung oder Wohnungsanpassung in Anspruch, wird zur Auflage gemacht, daß er die Miete nicht erhöht und eine Umbaumaßnahme nicht rückgängig gemacht wird.«

Es passiert, daß ältere Menschen zur Beratungsstelle kommen, die sonst niemals ein Sozialamt betreten hätten. Eine Wohnungsbesichtigung ergibt, daß mit verhältnismäßig geringen Mitteln Abhilfe möglich ist. Bei der Frage nach der Finanzierung der Wohnungsanpassung stellt sich heraus, daß sie nicht selbst übernommen werden kann, obwohl zur Besserung der allgemeinen Lebenssituation schon längst etwas hätte geschehen müssen.

Doch gerade ältere Menschen scheuen den Gang zum Sozialamt. Sie wissen nicht, daß sie unter Umständen Hilfe zum Lebensunterhalt, Zuschuß zur Miete und den Heizkosten oder den Unterhaltskosten des Wohneigentums erhalten können; daß es zum Beispiel Zuschüsse für Renovierungskosten der Wohnung gibt; daß auch Kosten für die Installation eines Telefons, die Grundgebühren und ein Teil der Gesprächseinheiten übernommen werden. Sozialhilfe ist kein Almosen. Sozialhilfe ist Ihr gutes Recht.

Flankierende Maßnahmen zum Verbleib in der Wohnung werden organisiert und je nach Einkünften auch finanziert. Dazu zählen auch Essen auf Rädern oder das Hausnotrufsystem, Hilfe im Haushalt oder bei der Pflege – sowie Mittel und Wege zur altengerechten Wohnungsverbesserung.

Auch wenn jemand die Wohnungsanpassung selbst bezahlt, wird sie von Anfang bis Ende begleitet, einschließlich Überprüfung der Kostenvoranschläge und Rechnungen.

Geplant ist ein städtisches Programm für zinslose Darlehen und Zuschüsse auch für ältere Bürgerinnen und Bürger mit höherem Einkommen.

Wer über ausreichend Einkommen und/oder Rücklagen verfügt,

wird für eine Wohnungsanpassung, die ja Verbesserung der Lebensqualität bedeutet, eigene Mittel verwenden. Geschieht das in einer Mietwohnung, ist verschiedenes zu beachten. Bei allen Eingriffen in die Bausubstanz, zum Beispiel Verbreiterung einer Tür, ist zuvor die Vermieterin/der Vermieter einzuschalten und die Erlaubnis schriftlich einzuholen.

Durch eine Erneuerung der Ausstattung mit beispielsweise modernen Sanitäreinrichtungen gewinnt die Wohnung an Wohnwert. Wird sie durch den Mieter/die Mieterin bezahlt, darf sich die Grundmiete für einen bestimmten Zeitraum nur ohne Anrechnung der »Modernisierung« erhöhen. Genauere Auskünfte erteilen örtliche Mieterschutz-Vereine. Der Deutsche Mieterschutzbund hat zu dem Thema »Wer bezahlt bei Wohnungsmodernisierung?« eine Informationsschrift herausgegeben. Auch in einer gemieteten Wohnung können Bausparmittel eingesetzt werden.

Bei Wohneigentum wäre im Bauamt zu erfragen, welche Zuschüsse aus Landesprogrammen in Anspruch genommen werden könnten und ob es ein kommunales Programm für altersgerechte Wohnungsanpassung gibt.

Für »Umbaumaßnahmen als Altersvorsorge« bei Wohneigentum warb eine Bausparkasse. »Nicht altengerechte Wohnstrukturen führen zum Auszug oder zur Aufgabe von Wohneigentum. – Eine rechtzeitige Ausstattung des späteren Wohnumfeldes ist also dringend geboten. – Die Förderung des altengerechten Umbaus von Wohnungen und die Erstellung solcher Wohneinheiten, die den Erfordernissen des Alters gerecht werden, ist eine verkaufsorientierte Aufgabe des öffentlichen und privaten Wohnungsbaus.«

Schon winken Makler mit Annoncen für die altenfreundliche Wohnung: Kaufen Sie heute, denken Sie an später. Ist zu hoffen, daß Käufer und Käuferin auch eine Wohnung erhalten, die wirklich eventuellen Erfordernissen entspricht und notfalls mit wenigen Handgriffen nachrüstbar ist, sonst muß mit weiteren Kosten für Anpassung gerechnet werden.

Fast die Hälfte der Personen zwischen 60 und 65 Jahren lebt im eigenen Haus oder der eigenen Wohnung, doch bedeutend geringer ist der Anteil der 70- bis 74jährigen. Ein Zeichen dafür, daß auch Wohneigentum Nachteile aufweisen kann und für längere

Eigenständigkeit in der Ausstattung oder baulich angepaßt werden müßte, wenn sie sich überhaupt anpassen läßt.

Angepaßter Wohnraum verhilft vielen Behinderten zur selbständigen Lebensführung. Behinderte können grundsätzlich Ansprüche beim örtlichen Träger der Sozialhilfe, zum Beispiel Sozialamt geltend machen.

Wohnungshilfen für berufstätige Schwerbehinderte am Beispiel Landeswohlfahrtsverband Hessen (LWV):
»Viele Wohnungen lassen sich durch bauliche Veränderungen den behinderungsbedingten Bedürfnissen der Bewohnerinnen und Bewohner anpassen.« Der beratende Ingenieur der Hauptfürsorgestelle informiert auf Wunsch über die im Einzelfall möglichen Lösungen. Die Finanzierung erfolgt in Form eines Zuschusses, dessen Höhe sich nach den individuellen Lebens-, Einkommens- und Vermögensverhältnissen richtet. »Bei ausschließlich behinderungsbedingten Umbauten wird auf eine Eigenbeteiligung verzichtet.« Und: »Selbstverständlich muß beim Umbau einer Mietwohnung der Eigentümer (Vermieter) damit einverstanden sein.« Nicht rückzahlbare Zuschüsse werden auch für behinderungsbedingte Ausstattung des eigenen Hauses oder der Eigentumswohnung gewährt, außerdem zinslose Darlehen.

Für dieses Kapitel wurde versucht, einfache Formeln zur Finanzierung zu finden und sie auf einen Nenner zu bringen, was nicht möglich war. Der aktuelle Stand der Dinge kann an jedem Ort ein anderer sein und muß jeweils dort in Erfahrung gebracht werden. Wo Wohnungsanpassung aktiv betrieben und in den Medien entsprechend gewürdigt wird, treffen Anfragen von Wohlfahrtsverbänden und Seniorenbeiräten der Städte, die auch auf diesem Gebiet tätig werden wollen, speziell zum Thema Finanzierung ein: »Gibt es Zuschüsse, zinslose oder zinsgünstige Darlehen?« Das rege Interesse läßt erwarten, daß jetzt Organisationen an zahlreichen Orten kostenlose Wohnberatung anbieten und über die Finanzierung der notwendigen Maßnahmen Auskunft geben können.
Nach den bisherigen Erfahrungen ist der Papierkrieg zur Bewilligung von Fördermitteln nicht gerade ermunternd, sondern ein langwieriger und bürokratischer Prozeß. Die Möglichkeiten der

Finanzierung allein herauszufinden, kann Betroffene überfordern und entmutigen. Deshalb sollte es allerorten qualifizierte Beratung auch zur Klärung der Finanzierungsfragen und Hilfestellung beim Umgang mit Behörden etc. geben. Einheitliche Finanzierungsprogramme und Regelungen könnten vieles vereinfachen.

Es ist bekannt, daß Wohnungsanpassung am meisten da nötig ist, wo sie von den Betroffenen nicht selbst finanziert werden kann. Wohnungsanpassung ist jedoch wahrscheinlich das falsche Wort, wenn man bedenkt, daß es vor anderen Dingen um die Anhebung auf den üblichen Standard der bauseitigen Ausstattung geht: Kleine Rente + geringe Miete = schlechte Wohnqualität.

Die Wohnberaterin: »Im Altbaubestand ist es oft übel um ein Mindestmaß an Wohnkomfort bestellt. Wenn sich das bei älteren oder behinderten Menschen äußerst nachteilig bemerkbar macht, liegt es nicht an außergewöhnlichen Ansprüchen, sondern am Allgemeinzustand der Wohnung. Deshalb ist Wohnungsanpassung in Altbauten meist wesentlich kostenintensiver als bei Neubauten, aber auch da notwendig.«

Werden keine Förderungsprogramme für Mieter aufgelegt oder ersatzlos gestrichen, ist eine Chance vertan, unmittelbar und nutzerbezogen Verbesserungen in der Wohnung vorzunehmen, so ein Standpunkt. Die Wohnberaterin vertritt einen anderen: »Vermieter, also die Hausbesitzer sollten Fördermittel zu Modernisierungs- und Umbaumaßnahmen erhalten und für alle Maßnahmen müßte die neugestaltete DIN-Norm Anwendung finden. Damit wäre schon das Grundprinzip barrierefreien Wohnens erfüllt. Außerdem sollte eine Kontrollinstanz, die etwas von altengerechtem Planen, Bauen und Wohnen versteht, vor Ort die Maßnahmen überprüfen. Denn solange richtig angepaßte Wohnungen noch die Ausnahme von der Regel sind, schleichen sich immer wieder Fehler ein, was wiederum Nachbessern, also weitere Kosten bedeutet.«

Tagungen von gemeinnützigen Wohnbaugesellschaften befassen sich mit Problemen und Chancen des Wohnens im Alter. Informationsschriften für Hauseigentümer vermitteln Kenntnisse spezieller Angebote baulicher und technischer Art und der Wohnungsausstattung. Sie sollen motivieren, im Zuge von Maßnahmen zur Modernisierung, bei Aus- oder Umbau, auch die Erfordernisse älterer Menschen und Mieter weitestgehend zu berücksichtigen.

Das ist nicht nur moralisch wünschenswert, sondern auch wirtschaftlich richtig gedacht. Denn »stimmen« Grundriß und Grundausstattung von Wohnung und Gemeinschaftsanlagen, bedarf es selten umfangreicher Finanzierung für »Anpassung an besondere Bedürfnisse«.

»Aber soweit sind wir noch nicht«, bedauert die Wohnberaterin und findet weitere Kritikpunkte. Was die Finanzierung der Wohnungsanpassung durch öffentliche Mittel für ältere Menschen einschränke, sei das typisch deutsche Kästchendenken: Altengerecht hier, behindertengerecht dort. Die Wohnberaterin sähe es lieber, wenn unabhängig von einer Altersgrenze finanzielle Zuwendung möglich wäre, weil dann nicht erst gesucht werden müßte, welcher Paragraph angewendet werden kann oder auch nicht. »Hat jemand das 60. Lebensjahr noch nicht erreicht, aber aus gesundheitlichen Gründen Probleme in der Wohnung, kann eine ›altengerechte‹ Anpassung nicht aus öffentlichen Mitteln bestritten werden.«

Einengend sei auch die streng bürokratische Einteilung in Behinderungsgrade. »Schließlich ist bekannt, daß es Altersbeschwerden gibt, die eine Wohnungsanpassung erforderlich machen«, sagt sie. »Aber erst muß ein bestimmter Grad der Behinderung nachgewiesen werden, um auf das gesetzlich verankerte Recht auf Zuschuß pochen zu können.«

Und weiter: »Impulse müssen auch von den Gesetzgebern ausgehen, damit sozial Schwachen materielle Hilfe zur Wohnungsanpassung zugesichert ist und sie nicht auf das Wohlwollen und die Kulanz von Behörden angewiesen sind. Damit Menschen, die dringend auch nur eine der vielen genannten Anpassungen in der Wohnung brauchten, sich trauen, ihren Sozialpartner, das Sozialamt anzusprechen.«

Vielleicht ist das weniger ein Problem von Gesetz und Recht als von trägem Informationsfluß im Behördenapparat, der Auslegung des Bundessozialhilfegesetzes (BSHG) und der Bereitstellung von Sachmitteln. Es ist noch nicht in das Bewußtsein aller verantwortlichen Politiker, Stadt- oder Gemeinderäte und Verwaltungsbeamten gedrungen, daß Ausgaben für diese Zwecke sinnvoll verwendet wären, auch weil sie immens höhere Summen für Heimplätze ersparen.

Angepaßter Wohnraum hilft mit zum Erhalt der Selbständigkeit, die im BSHG über »Vorrang der offenen Hilfe« hervorgehoben ist. Nach dem Bundessozialhilfegesetz können zur Wohnungsanpassung § 30 (Hilfe in besonderen Lebenslagen), § 40 (Eingliederungshilfe für Behinderte) und § 75 (Altenhilfe) greifen.

Altenhilfe »soll dazu beitragen, Schwierigkeiten, die durch das Alter entstehen, zu verhüten, zu überwinden oder zu mildern und alten Menschen die Möglichkeit zu erhalten, am Leben in der Gemeinschaft teilzunehmen.« Das können wirtschaftliche Hilfen oder spezielle Angebote, wie Hausnotrufsystem, für Seniorinnen und Senioren sein, die von verschiedenen sozialen Einrichtungen angeboten werden oder in Vorbereitung sind.

Vor allem kommt hier der Abschnitt »Hilfe bei der Beschaffung und zur Erhaltung einer Wohnung, die den Bedürfnissen eines alten Menschen entspricht« in Betracht.

Das alles klingt recht kompliziert und ist es wohl auch. Trotzdem sollte niemand davor zurückschrecken, sich durchzufragen, von welcher Seite Hilfe zu erwarten ist. (Im Kapitel »Ansprechpartner« ist das Thema noch einmal aufgenommen.)

Um einen Anspruch beim Sozialamt geltend zu machen, muß man sich über die Formalitäten sehr genau informieren. Kann nach Absprache mit der Behörde ein entsprechender Antrag gestellt werden, sind in der Regel verbindliche Kostenvoranschläge von anerkannten Meisterbetrieben beizufügen. Sie sollten alle zu erbringenden Leistungen enthalten, damit es bei der Rechnung kein böses Erwachen gibt.

Zukunftsorientiertes Denken wäre, bei Auszug die Wohnung nicht wieder in den alten Zustand zurückzuversetzen, sondern jemandem zu vermieten, dem die Ausstattung zugute kommt. In städtischen Wohnungen oder Genossenschaftswohnungen, für die die Kommune die Mietvergabe hat, wird eine vernünftige Verwaltung entsprechenden Nachmietern den Vorzug geben.

Das Sozialreferat München sagt: »Erfahrungen mit dem Programm ›Wohnungsanpassung‹ sollten künftig auch in die Planung von Neubauprojekten und Wohnungsmodernisierungen einfließen. Die altengerechte Wohnung, das altengerechte Haus und die altengerechte Stadt kommen nicht nur den alten Menschen zugute. Sie sind letztlich wesentliche Bestandteile für eine menschenfreundliche Gestaltung unserer gebauten Umwelt.«

Kapitel 10

Ansprechpartner

Wer nach den Anleitungen der Wohnberaterin herausgefunden hat, was in der Wohnung geändert und verbessert werden müßte, ist vielleicht in der Lage, das selbst zu organisieren.

Für Hilfsmittel – Bezeichnung für alle möglichen Dinge, die das tägliche Leben erleichtern, ob Schlüsselhalter, Haltegriff oder höhenverstellbares Wandgestell für das Waschbecken – wendet man sich an ein Sanitätshaus. Das an einer Konsole absenkbare Waschbecken und die greiffreundliche Armatur (Einhebelmischer) sind andererseits über den Sanitärfachhandel zu beziehen.

In einigen Beratungsstellen der Verbraucherzentralen sind Informationen zu altengerechtem Wohnen erhältlich. In einigen wird auch Wohnberatung, jedoch nicht überall kostenlos, angeboten. Hat man Fragen zu einzelnen Sachgebieten, wird kaum eine Verbraucherberatung die Antwort schuldig bleiben.

Ist eine neue oder zusätzliche Ausstattung der Wohnung mit Gas- und Elektrogeräten geplant, kann man sich bei den Energieberatungsstellen, den Kundendiensten der Versorgungswerke nach geeigneten Geräten erkundigen. Oft haben sie verbraucherorientierte Ausstellungen zu einem Schwerpunktthema wie Heizung oder Küche. Über Handwerksbetriebe kann die Handwerkskammer oder die Innung des jeweiligen Gewerbes Auskunft erteilen.

Sucht man für einen Umbau eine Architektin oder einen Architekten, wendet man sich an die Architektenkammer oder an das Bauamt. Das Bauamt hat auch Kenntnis, ob und gegebenenfalls wo Fördermittel zu erhalten sind.

Sind bei einer Mietwohnung Veränderungen nötig, die die Installationen oder Türen und Wände betreffen, ist mit der Hausverwaltung zu sprechen, ob sie gewillt ist, selbst etwas in die Wege zu leiten. (Im Kapitel »Finanzierung« ist auf eine solche Situation eingegangen.) Wird eine bauseitige Veränderung selbst vorgenommen, ist zuvor das schriftliche Einverständnis des Hausbesitzers einzuholen.

Nun kann es sein, daß sich jemand eine (auch geringfügige) Wohnungsanpassung finanziell einfach nicht leisten kann. Hier hilft das Sozialamt weiter. Man muß sich erkundigen, welche Maßnahmen durch Mittel der Sozialhilfe finanziert werden können. Hier weiß man auch, ob es ein kommunales Förderungsprogramm für Wohnungsanpassung gibt.

Hilfebedürftige, ältere Menschen sollten nicht davor zurückschrecken, Sozialhilfe wahrzunehmen. Sozialhilfe ist kein Almosen!

Das Sozialamt erreicht man telefonisch über die Stadt- oder Gemeindeverwaltung, die weiterverbindet. Um sich unnötige Wege zu ersparen, sollte man sich die Öffnungszeiten notieren und wenn möglich mit dem zuständigen Sachbearbeiter oder der Sachbearbeiterin einen Termin vereinbaren. Außerdem kommen Sozialarbeiter/innen auch ins Haus.

Keine Angst vorm »Papierkrieg«, auch wenn Unterlagen mitzubringen sind. Ist beispielsweise für Wohngeld die Bescheinigung eines anderen Amtes erforderlich, wird sie vom Sachbearbeiter besorgt. Fühlt man sich vom komplizierten Antragsformular überfordert, wird es auf Wunsch ausgefüllt.

Der verlängerte Arm des Sozialamtes sind die Sozialstationen, deren Wirken, besonders bei der Betreuung älterer hilfe- und pflegebedürftiger Menschen, nicht hoch genug eingeschätzt werden kann. Sie sind ganz wichtige Ansprechpartner, denn die Mitarbeiterinnen und Mitarbeiter sind informierend, beratend und helfend tätig. Bei Hausbesuchen stellen sie die notwendigen Hilfen fest und leiten sie in die Wege – das können auch Maßnahmen zur Wohnungsanpassung sein.

Adressen und Telefonnummern von Sozialstationen kann man beim Sozialamt erfahren oder im Telefonbuch finden unter dem jeweiligen Wohlfahrtsverband, der am Wohnort eine solche Einrichtung unterhält.

Freie Wohlfahrtsverbände sind: Arbeiterwohlfahrt; Caritasverband, Diakonisches Werk/Innere Mission; Deutsches Rotes Kreuz; Deutscher Paritätischer Wohlfahrtsverband, in dem der Arbeiter-Samariter-Bund Mitglied ist; Jüdische Zentralwohlfahrtsstelle.

Seniorenbeiräte, deren Namen und Anschriften über das Sozial-

oder Bürgermeisteramt zu erfragen sind, vertreten ehrenamtlich die Interessen älterer Bürger in Beratungs- und Entscheidungsgremien etlicher Städte und stehen als Ansprechpartner zur Verfügung. Manchem älteren Menschen ist es angenehmer, sich erst einmal bei einem Seniorenvertreter Rat zu holen, wohin er sich mit seinem Anliegen wenden kann, als der direkte Gang zu einer Behörde.

Auch Pflegevereine, Vereinigungen und Verbände Behinderter können Quellen zweckdienlicher Informationen sein.

Am einfachsten wäre es natürlich, Auskunft und Hilfe bei einer Beratungsstelle für Wohnungsanpassung zu erlangen. An zahlreichen Orten wurden Initiativen in dieser Richtung gegründet, die nach unterschiedlichen Vorgaben arbeiten. Die Bandbreite reicht vom mobilen handwerklichen Hilfsdienst einer Wohlfahrtsorganisation bis zum kommunalen Finanzierungsprogramm und schließlich den Beratungsstellen, die fachübergreifend sich um alle Belange bei Wohnungsanpassung kümmern. Eine Adressenliste von Wohnungsanpassungsinitiativen am Schluß des Kapitels gibt einen Überblick. Es ist durchaus möglich, daß an weiteren Orten ähnliche Schritte unternommen werden, ohne hier erwähnt zu sein.

Bei der Stadt- oder Gemeindeverwaltung kann man in Erfahrung bringen, ob es am Ort eine Beratungsstelle für Wohnungsanpassung – wie immer sie benannt sein mag – gibt.

Mittlerweile müßte eigentlich eine Vielzahl von Kommunen den Gedanken aufgegriffen und umgesetzt haben, denn als die Arbeit einzelner Wohnberatungen durch Berichte in den Medien bekannt wurde, erhielten sie Anfragen nicht nur von Einheimischen, sondern auch aus anderen Städten und Bundesländern. Nicht nur Betroffene baten um Rat und Hilfe, auch Organisationen und Stadtämter meldeten sich: »Wir möchten Wohnberatung für ältere Menschen und pflegende Angehörige anbieten und sind für nähere Informationen dankbar... Wir befassen uns mit Wohnraumanpassung für Ältere und Behinderte und legen großen Wert auf weitere Kenntnisse auf diesem Gebiet... Wir beabsichtigen die Einrichtung eines Senioren-Hilfsdienstes, der sich vorrangig um Wohnraumanpassung bemüht, ein Arbeitsgebiet, das uns völlig neu ist. Deshalb möchten wir uns auf Erfahrung stützen...«

Impulse zur Wohnungsanpassung gehen manchmal gar nicht von den Betroffenen aus, weil älteren Menschen die Notwendigkeit oft nicht bewußt ist oder weil sie nichts in der Wohnung verändert haben wollen und die damit verbundenen Umstände fürchten. Durch eingehende Beratung kann die erste Hürde genommen und durch vielfältige Hilfen das angestrebte Ziel der Verbesserung erreicht werden.

Impulse gehen von umsichtigen Mitmenschen aus, die von einer Wohnberatung bei der Stadt gehört haben und auf eine schwierige Wohnsituation aufmerksam machen. »Manchmal sind das Handwerker, die wegen einer anderen Sache in der Wohnung zu tun hatten«, sagt die Wohnberaterin. »Oder es ruft mich ein Hausmeister an, weil Mieter in einer Wohnung Probleme haben. Der Hausbesitzer will das nach meinen Vorschlägen richten lassen. Wohnbaugesellschaften wenden sich an mich, Krankenkassen, Seniorenbeiräte, Sozialstationen und Kliniken.«

Sozialdienste oder therapeutische Dienste in Kliniken erkunden vor Entlassung der Patientin oder des Patienten die häuslichen Verhältnisse, um möglichst günstige Bedingungen für weitere Rehabilitation sicherzustellen und gegebenenfalls Veränderungen in der Wohnung vorzuschlagen.

Geriatrische und rehabilitative Einrichtungen verhelfen älteren Menschen zur nachhaltigen Verbesserung ihrer gesundheitlichen Situation und oft wieder zu selbständiger Lebensführung – die an einer ungünstigen Wohnsituation nicht scheitern darf.

Beistand, um die Wohnung altengerecht herzurichten, leistet zum Beispiel vom Wohlfahrtswerk für Baden-Württemberg die »Beratungsstelle für Ältere« in Stuttgart. Außerdem gibt sie Hilfestellung im Umgang mit orthopädischen Geräten, weil ältere Menschen häufig nach kurzer Erläuterung damit zu Hause nicht zurechtkommen, weil sie die Funktion nicht wirklich verstanden haben.

Beste Erfahrungen, ältere Menschen nach Krankheit oder Unfall wieder in ihrer häuslichen Umgebung zu integrieren und sie nicht dem Schicksal stationärer Versorgung zu überlassen, wurden mit dem Modellprojekt »Ambulante Rehabilitation älterer Menschen« des Sozialwerkes Berlin e. V. gemacht.

Durch Koordinierung bestehender Hilfsmöglichkeiten soll mangelnder Zusammenarbeit im Gesundheitswesen sowie der getrennt arbeitenden Fachbereiche im Sozialwesen, das heißt der aufgesplitterten Zuständigkeit und Verantwortlichkeit entgegengewirkt werden.

Maßnahmen zur Rehabilitation werden mit den Klienten und ihren Angehörigen geplant, die Hilfsmöglichkeiten vermittelt und dabei die oft schwer durchschaubaren Handlungsabläufe und Bescheide von Behörden und Institutionen »übersetzt«. Notwendige Finanzierungen werden erschlossen – auch für erforderliche Umrüstungen in der Wohnung.

Neben der professionellen Hilfe ist die ehrenamtliche Mitarbeit älterer Menschen, die ihren Erfahrungsschatz einbringen und Zeit zum Zuhören haben, eine wertvolle Unterstützung zur Motivation und zum Selbstvertrauen der Klientinnen und Klienten, was einen entscheidenden Einfluß auf das Gelingen der Rehabilitation haben kann.

Deshalb sollte zum Schluß des Buches mit Tips zum Umgestalten und Anpassen der Wohnung noch eines gesagt sein: Ohne zwischenmenschliche Beziehungen bedeutet auch eine angepaßte Wohnung soziale Isolation. Muß das soziale Umfeld auch dafür erst sensibilisiert werden?

»Was mir fehlt, ist manchmal ein gutes Wort«, sagt eine Alleinlebende. – Ansprechpartner...

Adressen von Initiativen zur Anpassung der Wohnungen an die Bedürfnisse älterer Menschen

zusammengestellt vom Kuratorium Deutsche Altershilfe,
Wilhelmine-Lübke-Stiftung e.V.,
An der Paulskirche 3, 5000 Köln 1:
(Stand: Januar 1991)

Projekt- bezeichnung	Anschrift	Tel.
Baden-Württemberg		
Beratungsstelle »Wohnen im Alter« des DRK im Kreis Böblingen (BW)	Deutsches Rotes Kreuz Kreisverband Böblingen e.V. Waldenbucher Str. 38 7032 Sindelfingen	07031/690429
Wohnberatung der »Heimplatzvermittlungs- stelle« beim Landratsamt Böblingen (BW)	Landratsamt Böblingen Parkstraße 16 7030 Böblingen	07031/663342
»Wohnberatung für ältere Menschen« des Caritasverbandes Bruchsal (BW)	Caritasverband Bruchsal e. V. Friedhofstraße 11 7520 Bruchsal	07251/103083
»Ehrenamtlicher Wohn- und beratungsdienst für ältere Menschen« beim Landratsamt Göppingen (BW)	Landratsamt Göppingen Altenhilfe-Fachberatung Lorcherstraße 6 7320 Göppingen	07161/202/272
»Beratungs- und Betreu- ungsstelle Leben und Wohnen im Alter« des DRK in Nürtingen (BW)	Deutsches Rotes Kreuz Kreisverband Nürtingen-Kirchheim e. V. Steingrabenstraße 26 7440 Nürtingen	07022/700730
»Beratungsstelle alten- gerechtes Wohnen« der Stadt Schwäbisch Hall (BW)	Stadt Schwäbisch Hall Sozialreferat Postfach 100180 Rathaus 7170 Schwäbisch Hall	0791/751443

Projekt- bezeichnung	Anschrift	Tel.
Förderprogramm für die »alten- und behinderten-gerechte Ausstattung von Wohnungen« der Stadt Stuttgart (BW)	Landeshaupstadt Stuttgart Amt für Wohnungswesen Holzstraße 13 7000 Stuttgart	0711/216–2223
»Mobiler Technischer Beratungsdienst« des DPWV-Baden-Württemberg	DPWV-Landesverband Baden-Württemberg e.V. Haußmannstraße 6 7000 Stuttgart 1	0711/2637–12
Schwerpunkt »Wohnen im Alter« der Verbraucherzentrale Baden-Württemberg e.V. (vgl. bundesw. Progr.)	Verbraucherzentrale Baden-Württemberg e.V. Augustenstraße 6 7000 Stuttgart 1	0711/610925

Bayern

Angehörigenberatung »Leben und Pflegen« in Augsburg (Bay.)	»Leben und Pflegen« Margaretenstraße 8 8900 Augsburg	0821/324–2903
»Programm Wohnungs-anpassung für ältere Menschen« der Stadt München (Bay.)	Landeshaupstadt München Sozialreferat Orleansplatz 11 8000 München 80	089/2335660
Beratungsstelle »Alten-gerechtes Wohnen« in München-Milbertshofen (Bay.)	Altengerechtes Wohnen Korbinianplatz 15a 8000 München 40	089/3514144

Berlin

Arbeitsschwerpunkt »Wohnungsanpassung an die Bedürfnisse und Be-hinderungen im Alter« der »Rollenden Werk-statt« in Berlin	»Rollende Werkstatt« Werkstattzentrum Zweckbetrieb des Vereins »Leben und Arbeiten in Schöneberg e.V. Blücherstraße 62/63 1000 Berlin 61	030/62925678

Projekt-bezeichnung	Anschrift	Tel.
Modellprojekt »Ambulante Rehabilitation älterer Menschen« des Sozialwerkes Berlin	Koordinierungsstelle für ambulante Rehabilitation alter Menschen Dellbrückstraße 4 a 1000 Berlin 33	030/89 31 23 1/72
Forschungsprojekt »Wohnungsanpassung – Anpassung an die Wohnung« der TU-Berlin	Institut für Krankenhausbau TU-Berlin Straße des 17. Juni 123 1000 Berlin 12	030/31 42/21 60

Bremen

»Wohnberatungsstelle für ältere Menschen« der Stadt Bremen	Freie Hansestadt Bremen Der Senator für Jugend und Soziales Bahnhofsplatz 29 2800 Bremen 1	0421/36 12 4 09
	Wohnberatungsstelle Ortsteil Buntentor Buntentorsteinweg 95 2800 Bremen	0421/53 34 30/40

Hamburg

Modellprojekt »Hilfsmittel-Beratung« für behinderte Menschen e.V. in Hamburg	Universität Hamburg Abt. Rehabilitationsforschung Institut f. Soziologie Sedanstraße 19 2000 Hamburg	040/41 33 36 26

Hessen

»Zuschüsse für Umbauten bestehender Wohnungen« der Gemeinde Egelsbach (Hessen)	Gemeindevorstand Egelsbach Freiherr-vom-Stein-Str. 13 6073 Egelsbach	06103/41 21

Projekt- bezeichnung	Anschrift	Tel.
»Städtische Zuschüsse und Prämien zur Schaffung senioren- oder behindertenfreundlicher Wohnungen« in Frankfurt/M. (Hessen)	Stadt Frankfurt/M. Amt für Wohnungswesen (Amt 54) Adickesallee 67/69 6000 Frankfurt/M.	069/212–4704
Projekt »Wohnraum-beratung« der Arbeiter-wohlfahrt in Kassel (Hessen)	Arbeiterwohlfahrt Kreisverband Kassel-Land e.V. Friedrich-Ebert-Str. 124 3500 Kassel	0561/71721
Projektidee »Wohnbera-tung für ältere Men-schen« der Stadt Kassel (Hessen)	Stadt Kassel Sozialamt Referat für Altenarbeit Rathaus 3500 Kassel	
Förderrichtlinien für die »seniorenfreundliche Modernisierung von Wohnungen« der Stadt Langen (Hessen)	Stadt Langen Magistrat Südliche Ringstraße 80 6070 Langen	
Förderprogramm »Woh-nen im Alter« der Stadt Neu-Isenburg (Hessen)	Stadt Neu-Isenburg Sozialamt Hugenottenallee 53 6078 Neu-Isenburg	06102/241504
»Beratungsstelle für behinderten- und alten-gerechtes Planen, Bauen und Wohnen« der Stadt Wiesbaden (Hessen)	Landeshauptstadt Wiesbaden Sozialdezernat Amt für Jugend, Soziales und Wohnen Kurt-Schumacher-Ring 2 6200 Wiesbaden	0611/312859
Förderrichtlinien zur »al-ten- und pflegegerechten Ausstattung« von Wohn-raum des Landes Hessen	Hessisches Ministerium des Innern Friedrich-Ebert-Allee 12 6200 Wiesbaden	0611/353640

Projekt- bezeichnung	Anschrift	Tel.

Niedersachsen

Finanzierungsprogram- me »Altersgerechtes Herrichten von Wohnun- gen« der Stadt Hannover (Niedersachsen)	Landeshauptstadt Hannover Sozialamt Friedrichstraße 6 3000 Hannover 1	0511/1687152
Programmvorschlag »Wohnungsanpassung« für den Landkreis Osna- brück (Niedersachsen)	Landkreis Osnabrück Amt 50 Postfach 2509 4500 Osnabrück	

Nordrhein-Westfalen

Wohnungsanpassungs- programm im Altenplan- konzept für die Stadt Aachen (NRW)	Stadt Aachen Sozialamt (Amt 50) Postfach 1210 Bahnhofsplatz 5100 Aachen	0241/4325617
»Beratungsstelle für die älteren Mitglieder der Baugenossenschaft Freie Scholle e. G.« in Bielefeld (NRW)	Beratungsstelle für die älteren Mitglieder der Baugenossenschaft Freie Scholle e. G. Apfelstraße 63 4800 Bielefeld	0521/892525
»Altengerechtes Wohn- sanierungs- und Wohn- sicherheitsprogramm« der Stadt Bielefeld (NRW)	Stadt Bielefeld Amt für Wohnungswesen Neues Rathaus Niederwall 23 4800 Bielefeld 1	0521/512748
»Wohnberatung für ältere Mitbürger« der Stadt Düsseldorf (NRW)	Landeshauptstadt Düsseldorf Amt für Wohnungswesen Brinckmannstraße 5 4000 Düsseldorf 1	0211/899–6343
Projekt »Leben in der Rheinpreußensiedlung« einer Bewohnergenos- senschaft in Duisburg (NRW)	Wohnungsgenossenschaft Rheinpreußensiedlung e. G. Schlägelstraße 13 4100 Duisburg 17	02136/38811

Projekt- bezeichnung	Anschrift	Tel.
Projektidee »Modell Wohnraumanpassung« für die Stadt Detmold (NRW)	Stadt Detmold Sozialamt Grabenstraße 1 4930 Detmold	05231/767649
Projekt »Verbesserung der räumlichen und sozialen Wohn- und Lebenssituation älterer Frauen der FOPA in Dortmund (NRW)	FOPA e.V. Feministische Organisation von Planerinnen und Architektinnen Adlerstraße 81 4600 Dortmund	0231/143329
»Gemeinwesenorientierte Altenarbeit mit den Schwerpunkten Wohn- beratung und Wohnungs- anpassung« des Kreuz- viertel e.V. in Dortmund (NRW)	Verein für Gemeinwesen- und Sozialarbeit Kreuzviertel e.V. Kreuzstraße 61 4600 Dortmund 1	0231/124676
»Wohnraumberatung für Ältere und Behinderte« der Arbeiterwohlfahrt im Erftkreis (NRW)	Arbeiterwohlfahrt Kreisverband Erftkreis e.V. Zeiss-Straße 1 5010 Bergheim	02271/60336 02271/60318
»Arbeitskreis Woh- nungsanpassung« im Hochsauerlandkreis (NRW)	Hochsauerlandkreis Kreissozialamt Postfach 1429 5778 Meschede	0291/2000
Altersgerechte Anpas- sung einer Wohnsiedlung in Lippstadt (NRW)	Stadt Lippstadt Sozialamt Geiststraße 47 4780 Lippstadt	02941/749191
	Gemeinnützige Wohnungsbaugesellschaft Lippstadt GmbH Jahnweg 4 4780 Lippstadt	02941/5088

Projekt-bezeichnung	Anschrift	Tel.
»Wohnraumanpassungs-richtlinien« der Stadt Mönchengladbach (NRW)	Stadt Mönchengladbach Amt für Wohnungswesen Verwaltungsgebäude Oberstadt, Postfach 85 4050 Mönchengladbach	02161/254325
Wohnungsanpassung als Unterrichtsthema des Fachseminars für Alten-pflege in Münster (NRW)	Ev. Fachseminar für Altenpflege Coerdestraße 56 4400 Münster	
Förderprogramm »Altenfreundliche Wohnungen« der Stadt Münster (NRW)	Stadt Münster Amt für Wohnungswesen Schorlemerstraße 12–14 4400 Münster	0251/4922595
Förderrichtlinien zum »Umbau bestehender Wohnungen in alten-gerechte Wohnungen« der Stadt Neuss (NRW)	Stadt Neuss Sozialamt Rathaus Promenadenstr. 43–45 4040 Neuss	02101/2065042
Modellversuch »Quali-fizierung von jungen Frauen in zukunfts-orientierten Feldern« der Ruhrwerkstatt Oberhausen (NRW)	Ruhrwerkstatt Kultur-Arbeit im Revier e.V. Akazienstraße 107 4200 Oberhausen	0208/807047

Rheinland-Pfalz

Projekt »Altengerechtes Wohnen« der Stadt Mainz (Rhld. Pfalz)	Stadt Mainz Sozialamt Postfach 3820 Rheinstraße 6500 Mainz	06131/122973
»Wohnungsanpassungs-maßnahmen für ältere und alte Menschen« der Wohnbau Mainz GmbH (Rhld. Pfalz)	Wohnbau Mainz GmbH Gemeinnütziges Wohnungsunternehmen Wilhelm-Theodor-Römheld-Straße 8 6500 Mainz	06131/638191

Projekt- bezeichnung	Anschrift	Tel.

Saarland

Umsetzungsprogramm für den Altenplan des Landkreises Saarlouis (Saarl.)	Landkreis Saarlouis Landratsamt Leitstelle »Älter werden im Kreis« Postfach 1840 6630 Saarlouis	06831/444244

Schleswig-Holstein

Modellprojekte »Bera- tungsdienst für die selb- ständige Lebensführung im Alter« der Arbeiter- wohlfahrt Schleswig- Holstein in Neumünster und Kreis Steinfurt (Schles. Holst.)	Arbeiterwohlfahrt Kreisverband Steinfurt Große Paaschburg 28 2210 Itzehoe	04821/3982
	Arbeiterwohlfahrt Kreisverband Neumünster Fuhrkamp 21 A 2350 Neumünster	04321/ 528900

Bundesweite Programme

Forschungsfeld »Ältere Menschen und ihr Wohn- quartier« im Programm »Experimenteller Woh- nungs- und Städtebau« (ExWoSt) des BMBau	Bundesforschungsanstalt für Landeskunde und Raumordnung Am Michaelshof 8 5300 Bonn 2	0228/826265
Wohnberatung im Rah- men der Verbraucherbe- ratung (siehe auch Ba- den-Württemberg)	Arbeitsgemeinschaft Wohnberatung e. V. Heilsbachstraße 20 5300 Bonn-Duisdorf	0228/6489126

Produktliste

Manchmal ist es schwierig, trotz eingehender Beschreibungen, bestimmte Dinge im Fachhandel zu erhalten, wenn Namen, Hersteller oder Vertrieb der Produkte nicht genannt werden. Deshalb haben wir uns entschlossen, einige der von der Wohnberaterin empfohlenen Beispiele hier namentlich aufzuführen, wovon die meisten im Fachhandel ein Begriff sind. Ist in einem Fachgeschäft ein beschriebenes oder genanntes Produkt bislang unbekannt, könnte für nachfragende Kunden aufgrund der kurzen Angaben Näheres in Erfahrung gebracht werden.

Es ist durchaus möglich, daß andere als die genannten Firmen gleichartige Produkte herstellen oder vertreiben oder daß es schon Weiterentwicklungen, vielleicht unter einer neuen Bezeichnung, gibt.

Haltegriff: Fa. Kräckmann (Kunststoff, Winkelform; Sanitätshandel)

Stützgriff: Fa. HEWI (klapp- und drehbar, nylonbeschichtet; Sanitäts- und Sanitärhandel)

Duschklappsitz: Fa. HEWI (Sanitäts- und Sanitärhandel)
Armatur: NEOVITA, KWC-Spezialarmaturen (Einhebelmischer mit längerem Schlaufengriff, Fabrikat aus der Schweiz; Sanitärhandel)

Kippspiegel: Fa. HEWI (Sanitäts- und Sanitärhandel)

Wandgestell für Waschbecken: Fa. Pressalit Rehab (zur Höhenverstellbarkeit von Waschbecken; Sanitäts- und Sanitärhandel)

Waschbecken: Fa. Ifö-Sanitär (absenkbar, schwedisches Fabrikat; Sanitärhandel)

Toilette: Fa. Ifö-Sanitär (Erhöhung durch Sockel, schwedisches Fabrikat; Sanitärhandel)

Toilettensitz: COLANI REHAB, Fa. Pressalit (Sitz und aufge-klappter Deckel körperfreundlich; Sanitäts- und Sanitärhandel)

Toilettensitz-Polster: Fa. MEYRA (Polyurethan-Weichschaum, leichte Sitzerhöhung; Sanitätshandel)

Boden- und Wandbelag: Mipolam (PVC, auch Naßraum-Ausklei-dung)
Bodenbelag: noraplan und norament, Fa. Freudenberg (Syn-these-Kautschuk)

Sessel: Fa. HØNG (: *hönk*), Fa. Just (individuell anpaßbar, ver-stellbar, dänisches Fabrikat; Möbel- oder Bettengeschäft)

Spezialstuhl/Sessel: Vela-Stühle (mit Rollen und Handbremse; Sanitätshandel)

Sitzauflagen: POLYFORM (Polster, atmungsaktiver Schaum-stoff, in verschiedenen Stärken);

THERGO*fit*, Fa. HASI-Möbel (zweiteilig, mit Rückenstütze, Formholz; Sanitätshandel)

Rückenstütze: Fa. SACON (elektrisch verstellbare Aufrichthilfe für Bett; Sanitätshandel)

Kleiderlift: »ambos«, Fa. Krönke (absenkbare Lift-Kleiderstange für Hochschrank, italienisches Fabrikat; Möbelzubehör verschie-dener Hersteller; Möbelhandel)

Ton/Lichtsignal: »lisa«, Fa. HUMANTECHNIK (Schallmelder für Telefon, Türklingel, Personenruf; Fachgeschäft f. Hörge-räte)

Stockzubehör: »Rutsch-Nicht« Gehhilfenkappe, Fa. SERVO-PRAX (Kappe mit Gelenk und Noppen);
»Winterplatte«, Fa. INOVA (wechselseitig mit Kreuzprofil und Spikes);

»Freizeitplatte«, Fa. INOVA (größere, aufsteckbare Fläche für weichen oder nassen Untergrund; Sanitätshandel)

Stichwortverzeichnis